本书受北京市社科规划重点项目"北京地区数字出版商业模式创新研究"（13JDZHA003）和北京市教委人文社会科学面上项目"我国数字出版产业发展路径研究"（SM201210015003）资助

数字出版产业理论与实践

张新华 著

知识产权出版社
全国百佳图书出版单位

内容提要

本书从产业经济学、信息经济学等角度探讨数字出版的产业特征、经营模式,从全球、国家、地区和企业等不同维度透视出版业的数字化转型以及数字出版产业发展的路径、特点、经验等,建设性地提出我国数字出版产业发展的定位、原则、目标和方法。本书主要面向数字出版从业者、教育者和学生,对于数字出版产业的研究、学习和实践都有一定的借鉴意义。

责任编辑:于晓菲　　　责任出版:刘译文

图书在版编目(CIP)数据

数字出版产业理论与实践/张新华著.—北京:知识产权出版社,2013.9
ISBN 978-7-5130-2295-8
Ⅰ.①数… Ⅱ.①张… Ⅲ.①电子出版物—出版工作—研究 Ⅳ.①G237.6
中国版本图书馆CIP数据核字(2013)第227336号

数字出版产业理论与实践
SHUZI CHUBAN CHANYE LILUN YU SHIJIAN

张新华　著

出版发行:知识产权出版社

社　　址:	北京市海淀区马甸南村1号	邮　　编:	100088	
网　　址:	http://www.ipph.cn	邮　　箱:	rqyuxiaofei@163.com	
发行电话:	010-82000860转8104/8102	传　　真:	010-82005070/82000893	
责编电话:	010-82000860转8363	责编邮箱:	yuxiaofei@cnipr.com	
印　　刷:	北京中献拓方科技发展有限公司	经　　销:	新华书店及相关销售网点	
开　　本:	720mm×960mm　1/16	印　　张:	13.75	
版　　次:	2014年1月第1版	印　　次:	2014年1月第1次印刷	
字　　数:	208千字	定　　价:	45.00元	

ISBN 978-7-5130-2295-8

出版权专有　侵权必究

如有印装质量问题,本社负责调换。

序

  信息革命方兴未艾，现代数字技术扩展了出版的范围和边界，为出版提供了广阔的空间和发展平台。出版原本是传媒产业、文化产业的一部分，但在现在这个空前复杂的跨媒体环境中，它与广播、电视、通信、网络、图书馆等原本清晰的界限被打破，出现这样一种趋势，即"大出版时代"和"内容产业时代"的加速到来。各类媒体的互动、融合是当今文化传媒产业发展的大势，新闻出版业必须主动适应文化时代的新趋势，建立起"大出版"的概念，实现强势媒介资源在各种媒体间的共享，使图书与网络齐飞，平面同立体一色。在此基础上，要重点构建集图书、报刊、广播、影视、网络、信息咨询于一体的跨媒体集团，整合优势资源，团队作战，只有这样，方能在国际竞争赢得一席之地，也才能真正实现支柱产业的地位。

  数字出版是出版业在数字化大潮中真正立足的根基。出版业与其他第一二产业相比，无疑是蒸蒸日上的朝阳产业，而且是永恒的朝阳产业，将比国家、军队、法庭的历史还要长远，那种认为随着互联网和数字技术的兴起，出版终结和出版崩溃的论调是没有根据的。作为一种新业态，数字出版正以强大的力量消解着媒介之间、社群之间、产业之间、信息发送者和接收者之间的边界。它以自己的独特优势，不断延长出版的产业线，实现内容资源的最大化。这些都会加快"内容产业时代"的加速到来，未来必将是复合出版大行其道的世界。随着高新技术的发展和知识经济的到来，出版媒体形态将更加丰富多彩，这对出版产业的转型和发展、研究和实践都提出了新的要求。

  在逐渐兴起的数字出版研究领域中，北京印刷学院是一方重镇，近年来涌现了一批优秀的中青年学者，在数字出版的产业发展、企业创新、版权保护、制度转型等方面取得了丰硕成果。张新华博士是这个学术群体中的一员，他在1999年获得硕士学位后到北京印刷学院从事编辑出版学专业教学。科研上，他把精力集中在期刊传播、出版产业、出版制度等学术领域。2003年，他投身中国传媒大学胡正荣教授门下，攻读传播学博士学位，完成博士论文"转型期中国出版业制度分析"。后来，鉴于信息技术对出版业数字化转型的巨大影响，他适时调整了教学和科研方向，转向数字出版领域，先后承担、完成了"北京报业数字化"、"我国数字出版产业发展路径"、"数字出版商业模式创新"等前沿性研究课题。2011年4月，他进入北京大学新闻与传播学院和湖南出版投资控股集团合建的新闻传播学博士后工作站，成为该站的首位博士后研究人员，开展"我国数字出版价值网的构建和优化"课题研究。

《数字出版产业理论与实践》是张新华过去几年数字出版领域研究的代表性成果。它分上中下三篇，其中上篇是数字出版产业理论探讨，厘清了数字出版和数字出版产业的内涵和外延，对数字出版产业的生命周期、产业特征及产业经营模式等问题进行分析；中篇和下篇则分别对国外和国内数字出版产业发展实践的研究，考察了数字化转型背景下全球出版业格局、北美地区出版移动化发展趋势及典型性出版集团的数字出版业务等；分析了我国数字出版产业的历史、现状和发展战略，提出了我国数字出版产业的发展路径。

这部著作的一个显著特点是分析透彻，观点新颖。它主要体现在理论探索部分，作者利用产业经济学、信息经济学等理论方法对新兴的数字出版产业提出了一系列颇有新意的观点。比如对"数字出版"这一众说纷纭的概念，他从知识传播的角度界定其为"采用数字技术手段为满足用户需求而开展的知识获取、知识加工和知识服务的传播活动"，并从"数字化生产手段"、"便捷化知识服务"、"多媒体化的内容呈现"、"专门化的传播活动"等四个方面对其内涵进行分析，抓住了数字出版区别于传统出版和其他传媒活动的本质。再如，关于数字出版产业经营，作者在总结产业界常用的内容模式、营销模式和收入模式的基础上，又着力提出并论证了"构建数字出版物知识网络"、"构建以出版社为中心的价值网，实现客户价值最大化"等观点，这些观点有理有据，值得产业界借鉴。

这部著作的另一个显著特点是全球视野与本土意识相结合。这主要体现在中、下两篇。从结构的安排看，作者所关注的核心问题是我国数字出版产业的发展路径和发展模式。在该问题的指引下，作者以上篇的理论观点为基础，分别对国外和国内两个维度的产业实践展开比较深入地分析。中篇他放眼世界，通过对近年来主要国家出版业相关数据的综合对比，得出以中国为代表的新兴经济体国家的迅速发展已动摇了西方发达国家主导全球出版业格局的深刻洞见；同时，又通过对北美地区出版产业及阅读市场的移动化趋势考察，预测我国数字出版产业的发展方向。可见，作者努力在全球出版产业数字化转型背景下确定中国出版产业的发展坐标。下篇他紧密关注本土，总结我国数字出版产业发展的历程、现状和问题，深入调查以北京地区所代表的我国报业网站建设和经营状况，为我国数字出版产业发展路径提供建议，如优化产业环境和产业组织、加快传统产业转型、促进产业融合、推动国际化发展等。

我和张新华相识既久，十年前就在教学、科研交流中有所交往。2011年在他进入博士后工作站后，我是他的导师，除了参加他博士后课题研究的开题、中期检查等规定环节外，还在本科和研究生课堂、学术沙龙、学术会议、外出考察等场合，就数字出版、文化软实力、全民阅读等问题与他进行过多次深入地交谈。这部著作中的不少观点已经在他平时的言谈中论及，有的已经形成学术论文发表，现在汇集成书就显得更加系统和深刻，从中可见他独立思考和刻苦钻研的学术精神，也使我们能够较完整地了解他对数字出版的理解和认识。

当然，《数字出版产业理论与实践》仅是张新华数字出版产业研究的一个阶段性成果，在欣喜于它问世的同时，我更期待他取得更多的成果，为促进我国数字出版产业发展做出更大贡献。

是为序。

肖东发
2013年9月5日于北大未名湖畔

目　录

上篇　数字出版产业理论

第一章　数字出版产业的内涵和特征 ⋯⋯⋯⋯⋯⋯⋯⋯⋯⋯⋯⋯⋯⋯ 3
　　第一节　数字出版和数字出版产业的界定 ⋯⋯⋯⋯⋯⋯⋯⋯⋯⋯ 3
　　第二节　数字出版产业的生命周期 ⋯⋯⋯⋯⋯⋯⋯⋯⋯⋯⋯⋯⋯ 7
　　第三节　数字出版产业的经济特征 ⋯⋯⋯⋯⋯⋯⋯⋯⋯⋯⋯⋯⋯ 11

第二章　数字出版产业经营 ⋯⋯⋯⋯⋯⋯⋯⋯⋯⋯⋯⋯⋯⋯⋯⋯⋯ 18
　　第一节　数字出版产业经营模式 ⋯⋯⋯⋯⋯⋯⋯⋯⋯⋯⋯⋯⋯⋯ 18
　　第二节　构建知识网络 ⋯⋯⋯⋯⋯⋯⋯⋯⋯⋯⋯⋯⋯⋯⋯⋯⋯⋯ 30
　　第三节　实现客户价值 ⋯⋯⋯⋯⋯⋯⋯⋯⋯⋯⋯⋯⋯⋯⋯⋯⋯⋯ 38

中篇　国外数字出版产业实践

第三章　转型中的全球出版业概况 ⋯⋯⋯⋯⋯⋯⋯⋯⋯⋯⋯⋯⋯⋯ 49
　　第一节　2005～2009 年发展状况 ⋯⋯⋯⋯⋯⋯⋯⋯⋯⋯⋯⋯⋯ 49
　　第二节　2010～2011 年主要发展趋势 ⋯⋯⋯⋯⋯⋯⋯⋯⋯⋯⋯ 54
　　第三节　主要出版集团经营状况 ⋯⋯⋯⋯⋯⋯⋯⋯⋯⋯⋯⋯⋯⋯ 56

第四章　北美地区数字出版业的移动化发展 ⋯⋯⋯⋯⋯⋯⋯⋯⋯⋯ 68
　　第一节　北美地区数字出版移动化发展概况 ⋯⋯⋯⋯⋯⋯⋯⋯⋯ 68
　　第二节　美国电子书消费现状透视 ⋯⋯⋯⋯⋯⋯⋯⋯⋯⋯⋯⋯⋯ 80

第五章　数字化转型的成功企业 ⋯⋯⋯⋯⋯⋯⋯⋯⋯⋯⋯⋯⋯⋯⋯ 92
　　第一节　兰登书屋的数字化转型 ⋯⋯⋯⋯⋯⋯⋯⋯⋯⋯⋯⋯⋯⋯ 92
　　第二节　爱思唯尔的数字化转型 ⋯⋯⋯⋯⋯⋯⋯⋯⋯⋯⋯⋯⋯⋯ 99

下篇　国内数字出版产业发展实践

第六章　中国数字出版产业发展现状和问题 …… 111
　　第一节　中国数字出版产业发展现状 …… 111
　　第二节　中国数字出版产业发展的主要问题 …… 120

第七章　我国数字出版产业发展的目标、原则和路径 …… 124
　　第一节　产业发展定位 …… 124
　　第二节　产业发展目标和原则 …… 130
　　第三节　产业发展路径 …… 135

第八章　我国报业网站发展现状及对策——以北京地区为例 …… 145
　　第一节　北京报纸的网络化生存 …… 145
　　第二节　调查报告：北京地区报纸网站建设现状 …… 150
　　第三节　北京地区报纸网站发展案例分析 …… 163
　　第四节　报纸网站发展困境、趋势和策略 …… 175

附录　电子书包：政策推动下的产业新浪潮 …… 194

参考文献 …… 200

后　记 …… 205

上 篇
数字出版产业理论

第一章　数字出版产业的内涵和特征

20世纪中期以来，在信息技术的推动下，建立在印刷技术基础上的传统出版产业迅速向数字化方向演化，改写着出版产业的内涵和边界。如今，全球范围内新兴的数字出版业态已基本形成，并成为传媒产业发展的一支重要力量。分析数字出版的内涵和特征，把握数字出版产业的基本规律，有助于推进数字出版产业的科学发展。

第一节　数字出版和数字出版产业的界定

一、数字出版的界定

1. 数字出版的概念

数字出版的起源最早可以追溯到1951年美国麻省理工学院的P. R. Bagley对利用计算机检索代码做文摘进行的可行性研究。这一研究导致了所谓电子出版物雏形的诞生，如1959年美国匹兹堡大学卫生法律中心建立的全文法律信息检索系统，1961年美国化学文摘服务社用计算机编制的《化学题录》等。伴随着计算机技术和互联网技术的不同发展阶段及其出版领域的应用，这种迥异于印刷技术基础上的出版活动先后被称为"电子出版"、"桌面出版"、"网络出版"等；直到进入21世纪，"数字出版"才取代以前的概念逐渐成为一种主流的叫法。在国内自2005年中国首届数字出版博览会召开起便开始使用"数字出版"，此后，"数字出版"成为行业、学界和政府普遍认同的一个概念。但是，目前国内对这一概念的界定众说纷纭，不同的学者从不同角度进行定义，其中代表性的就有四种类型：从存储介质、载体界定，从业务流程特点界定、从内容管理角度界定、从媒体应用角度界定❶。我们认为，数字出版从本质上看和传统出版没有区别，都是为满足个人和社会知识和文化需要的信息传播活动；但与传统出版显著不同的是出版活动所借助的计算机和网络通信技术手段，以及由它引发的知识生产、知识组织、知识传播和知识消费等方式上的变化。

从研究出版企业经营层面的实际出发，我们对数字出版的界定为：采用数字技术手段为满足用户需求而开展的知识获取、知识加工和知识服务的传播活动。

2. 数字出版的内涵

传统出版产品是以"印刷文字"为中心，以满足人眼器官扫描文字为主要特征。波兹曼在其经典之作《娱乐至死》中写道："每种技术都有自己的议程，都是等待被揭示的一种隐喻。印刷术就有明确的倾向，即要被用作语言媒介。从15世纪诞生之初起，印刷术就被看作是展示和广泛传播书面文字的理想工具，之后它的用途就没有偏离过这个方向"。❷ 在纸张上印刷文字形成的图书，在内容和形式上是线性的、固定的、孤立的，而且一旦形成，不可修改。而数字技术以及与其相伴相生的多媒体表现手段，则是以满足人的大脑思维为主要特征；在内容和形式上都表现为跳跃的、非线性、关联性、可组合，而且产品形成之后还可以修改。陈昕总结了数字出版三个方面的特点：一是具有数字记录、储存、呈现、检索、传播、交易的特点；二是具有在网络上运营，能够实现即时互动，具有在线检索等功能，具有创造、合作、分享的特点；三是能够满足大规模定制个性化服务的需要❸。

结合前人研究成果，根据数字出版实际，我们认为数字出版活动具有以下四个基本特征。

（1）数字化的生产手段。数字出版活动建立在现代计算机和网络通信技术基础上，从知识的获取、加工、推广、服务到传播的媒介、渠道等，都采用数字技术。而在组织化、规模化的数字内容的生产过程中更需要依赖数字技

---

❶ 陈丹. 数字出版产业创新模式研究［M］. 北京：科学技术文献出版社. 2012：33-35.
❷ ［美］尼尔·波兹曼. 娱乐至死［M］. 桂林：广西师范大学出版社. 2004：111.
❸ 陈昕. 美国数字出版考察报告［M］. 上海：上海人民出版社. 2008：4.

术,包括基于自然语言的内容信息标引和识别技术、知识搜索引擎技术、数据挖掘技术、数据库技术,以及开放的数字内容编辑平台、数字内容前置审查平台和可再生数字资源多次开发平台等技术。这是数字出版区别于传统出版的物质和技术基础。

(2)便捷化的知识服务。在数字环境下,出版活动的终端服务对象由过去的单一媒介的阅读者转变为多渠道、跨媒体、交互式的用户,数字出版的核心价值在于为用户提供便捷的个性化的知识服务。在网络环境下,数字出版经营者需要跨越所有内容、渠道、媒体、阅读终端等有形和无形的界限为用户提供随时随地的信息和知识服务,并能够实现服务的定制化、互动性和阅读的社会化等功能。这是数字出版活动与其他信息传播活动服务方式上的区别。

(3)多媒体化的内容呈现。数字出版的内容不再以单一的线性文字信息为主,具有高度融合、高度开放和非线性特征,借助于数字媒体设备,集文字、声音、图片、影像、动画、三维空间、虚拟视觉等各种媒体手段于一体,可调动用户的眼、耳、口、手等多种感官,实现了内容的多媒体化传播和呈现。这是数字出版活动与传统出版活动在内容形态上的区别。

(4)专门化的传播活动。在数字环境下,人人都可以成为出版者,但只有以满足特定目标用户需求进而获得自身价值的组织才会把出版作为一种连续性活动来经营。和传统出版一样,数字出版活动的主体主要由各种出版企业构成,它们专门从事知识的获取、加工和传播的活动。这是产业化的数字出版活动和作为个人化的数字出版活动之间的区别。

二、数字出版产业的内涵和外延

1. 数字出版产业的内涵

产业是指生产同类产品,并具有密切替代关系的厂商在统一市场的集合。据此可对数字出版产业简单界定为:提供数字出版产品和服务的企业的集合。

从产业链的角度看,构成数字出版产业的企业主要可分为四类。

一是数字出版商。主要从事数字内容的生产、加工和传播。它大致包括三小类。(1)开展数字出版业务的传统书、报、刊出版社,如施普林格、中国高等教育出版社、爱思唯尔等。(2) 从事数字内容集成加工和传播的公司，如谷歌、中国知网等。(3) 从事网络原创资源开发和传播的公司，如盛大文学。

二是数字发行商。专门开展数字出版内容的推广、发行，如亚马逊、龙源期刊网。

三是数字阅读运营商。主要通过特定渠道或设备控制终端消费者进而开展活动，如中国移动阅读基地、汉王科技等。

四是数字出版服务商。专门为机构或个人的数字出版业务提供技术支持或服务，如北大方正、BioMed Central 等。当然，这并不是严格科学的划分，实际上其中的大部分公司在数字出版产业中同时充当多种角色。

2. 数字出版产业的细分

从数字出版产品和服务的形态看，目前我国的数字出版产业主要包括九个部分，分别是：电子书、数字报纸、互联网期刊、博客、在线音乐、手机出版、网络游戏、网络动漫、互联网广告[1]。其中，网络游戏、网络动漫、互联网广告是否应该划入数字出版产业的范畴内，专家们仍争论不已，但在我国的政府统计口径中，它无疑是数字出版产业的重要组成之一。随着技术发展和社会需求的变化，数字出版物的形态不断丰富，数字出版产业的边界会不断扩大，内涵也会更加丰富。

从社会功能看，数字出版产业与传统出版业相似，可以划分为学术出版、教育出版和大众出版三大部门，分别满足科学研究与知识积累、文化教育、娱乐休闲方面的社会需求。

3. 产业融合与数字出版边界的变化

在数字技术兴起之前，建立在模拟技术基础上的出版产业与广播电视、通信等产业之间泾渭分明，而数字技术和互联网的兴起从根本上推动了这三个产业的融合，并且随着技术的发展，产业融合的程度不断加深。数字出版产业就是这种融合的产物，它成为三个甚至更多产业发展的交叉且逐渐延展的地带。

---

[1] 该分法参考了《2011—2012 中国数字出版产业年度报告》一书。该书由郝振省主编，中国书籍出版社 2012 年版。

反过来，不断扩大的数字出版产业不仅拓展了出版的产业边界，还由于其继承了广电、通信等产业的基因而改变、丰富了传统出版产业的产品、功能和市场。其中受影响最大的可能是数字出版业中的大众出版部门，它与影视等娱乐产业之间的重合区将越来越大。

目前，我国政府正在推进电信、电视、计算机三网融合，努力实现三者之间的互联互通、资源共享，也为数字出版产业的发展带来巨大动力。有业内人士认为三网交融对数字出版业有五大好处：（1）信息服务将由单一业务转向文字、语音、数据、图像、视频等多媒体综合业务；（2）极大地减少基础建设投入，并简化网络管理，降低维护成本；（3）将使网络从各自独立的专业网络向综合性网络转变，网络性能得以提升，资源利用水平进一步提高；（4）通过网络的整合，衍生出更加丰富的增值业务类型，如图文电视、视频邮件和网络游戏等，极大地拓展业务提供的范围；（5）打破了电信运营商和广电运营商在视频传输领域长期的恶性竞争状态，看电视、上网、打电话资费可能打包下调❶。可见，数字出版产业的边界及运营方式将在三网融合的背景下发生新的变化。

第二节　数字出版产业的生命周期

一、产业发展的生命周期理论

和其他任何事物一样，每一个产业都有一个产生、发展和衰退的过程，即具有自己的生命周期。对于单个产业的产生、成长和进化过程，可以用产业发展的生命周期理论来描述。产业生命周期理论是在产品生命周期理论基础上发展而来的，假如某一产业是以具有代表性的产品为基础，就可以借用产品生命周期的阶段划分方法，将一个产业的生命周期也划分为四个阶段，即形成期、成长期、成熟期与衰退期。

---

❶ 赵婷，廖小珊．三网融合将为出版业带来什么［N］．中国新闻出版报．2010-8-26．

划分产业生命周期的不同阶段，主要是按照该产业在整个经济系统中所占比重的大小及其增长速度的变化而进行的。在形成阶段，产业的发展有快有慢，但该时期在整个产业中所占比重还很小。当某产业的产出在整个产业系统中的比重迅速增加，且该产业在促使产业结构变动中的作用也日益扩大时，就可认为其进入了成长期。处于成长期阶段的产业的一个主要特征是该产业的发展速度大大超过了整个产业的平均速度，技术进步迅猛，市场需求容量也迅速扩张。当某产业经过成长期的迅速增长后，由于一方面其市场容量已渐趋饱和与稳定；另一方面，该产业对产业结构变动所起的作用也基本上得到了发挥；它的发展速度放缓，这就标志着该产业进入了成熟期，这时期与其他阶段相比该产业在整个产业中所占的比重最大。当技术进步向市场上推出了在经济上可替代此产业的新产业时，该产业占整个产业的比重就会下降，发展速度开始变为负数，表明该产业进入衰退期。

产业生命具有明显的"衰而不亡"的特征。一个产业进入衰退期，意味着该产业在整个产业系统中的比重将不断下降。但世界各国产业结构演进的历史表明，进入衰退期的产业占整个产业的比重不会下降为零。主要原因是，随着新兴产业的不断形成和发展，原有产业的比重必然会下降，但对该产业产品的市场需求不会完全消失。产业生命周期往往会产生突变，进入下一个发展周期。有的产业虽然已经进入了衰退期，但由于技术进步或市场需求变化等原因，往往会重新焕发"青春"，再次显示出成长期甚至成熟期的一些特征。因此有的经济学家认为，只有"夕阳技术"，没有"夕阳产业"。

二、传媒产业的生命周期

传媒产业也遵循生命周期规律。在产业发展的不同阶段，传媒产品的销售额、单位顾客成本、产品利润、消费者类型以及竞争者的数量都不同。一般而言，其变化规律如表1-1所示❶。

目前，各种传媒产品处于不同生命周期的发展阶段。据媒介经济学家罗伯

---

❶ 罗伯特·皮卡特. 传媒管理学导论 [M]. 北京：人民邮电出版社. 2006：21.

特·皮卡特分析，在发达国家，一般主要的传统传媒产品都处于成熟阶段，由于受众和广告商越来越习惯于使用和更新的信息技术和传播技术，传统的印刷媒体（书籍、报纸和杂志）处于成熟的后期阶段。我国传媒产业起步较晚，但发展很快，传统传媒产业包括出版业的发展阶段与发达国家相似，也已进入成熟期，甚至在传统的纸质媒体（如书报刊）领域，已经出现衰退的迹象。

表 1-1 传媒产品在不同的产业生命周期中的表现

阶段	形成	成长	成熟	衰退
销售额	低	快速增长	最高值	下降
单位顾客成本	高	中	低	低
利润	亏损	增长	高	下降
顾客	创新者	早期接受者	大多数	落伍者
竞争者	少数	增长	稳定	削弱

三、数字出版产业的生命阶段

1. 我国数字出版产业已进入成长期

随着全球信息化进程的推进以及信息技术向各个领域延伸，数字出版产业的发展势头强劲，并日益成为我国出版产业变革的"前沿阵地"。从时间上看，中国数字出版的发展历史并不久远，但作为新生事物其发展速度却让人始料未及。据统计，我国2006年数字出版产业总收入为213亿元，到2012年达1935.5亿元，年均增长率在45%以上，详见表1-2。

表 1-2 2006~2012年我国数字出版产业总收入　　　单位：亿元,%

年度	2006	2007	2008	2009	2010	2011	2012
总收入	213	362.42	556.56	799.4	1061.79	1377.88	1935.49
比上年增长率	–	70.15	53.58	43.63	32.82	29.77	40.47

资料来源：2012~2013中国数字出版产业年度报告。

同时，我国的数字出版产业在全国新闻出版产业中的比重迅速增大，2010年数字出版总收入占新闻出版产业的8.3%，到2012年这一数字上升至11.72%。可见，我国的数字出版产业已经成为全国新闻出版业重要的经济增长点，已经由形成期进入快速发展的成长期。在我国快速发展的数字出版产业中，网络游戏、网络广告和手机出版已经形成较成熟的盈利模式，成为数字出版产业最重要的组成部分。而在整体收入中所占比重较小的数字书报刊开始提速发展，2012年，电子书、数字期刊、数字报纸的营业收入增长52.6%，超过数字出版整体增长速度。未来我国数字出版产业将由发展期向成熟期过渡，面临着广阔的发展前景。

2. 成长期的数字出版产业所面临的问题

明确数字出版产业的生命阶段有助于把握它的发展规律，更加有利于促进产业发展政策的制定。根据产业生命周期理论可知：在成长阶段，新产业的产品经过广泛宣传和消费者的试用，逐渐以其自身的特点赢得了大众的欢迎或偏好，市场需求开始上升，新产业也随之繁荣起来。与市场需求变化相适应，供给方面相应地出现了一系列的变化。由于市场前景良好，投资于新产业的厂商大量增加，产品也逐步从单一、低质、高价向多样、优质和低价方向发展，因而新行业出现了生产厂商和产品相互竞争的局面。数字出版产业正步入这样一个阶段，数字出版企业之间的竞争将日趋激烈；同时，数字出版产业从技术、经营到行业管理、消费者行为等方面还面临着许多尚待解决的问题，如产业链发育不完善、传统出版企业的数字出版盈利模式缺乏、核心技术的研发能力不足、对用户消费习惯和消费行为把握不准、数字内容的盗版问题严重，产业管理的体制机制滞后等。这些问题，一方面可以看作是当前制约我国数字出版产业更快发展的阻碍性因素；另一方面也说明我国的数字出版产业发展潜力巨大。

数字出版产业的健康发展还需要处理好与传统出版产业的关系。数字出版业的发展从各个方面对传统出版业造成了冲击，在2009年，中国数字出版总产值达到795亿元人民币，首度超越传统书报刊出版物的生产总值。学界有人据此预言了纸质书将会在不久的将来消失。然而，生命周期理论告诉我们，传统出版即使已进入衰退期，也不会最终"死亡"；纸质阅读即使减少，也不会完全消失。人们对于阅读的需求和阅读的方式是多样的，数字出版不管挤压了多少传统出版的市场，传统出版物的市场需求仍然会存在。数字出版在整个出版产业中的地位日益重要，但传统出版将会和数字出版长期并存，共同发展。数字出版的兴起，对传统出版产业而言，并不是末路，而是促使产业变革和升级的机遇。所以，我国新闻出版业的健康发展，既需要数字出版产业的高速生长，也需要数字出版与传统出版之间协调发展；二者并存相互促进，才能使出版产业体系不断地推陈出新，以确保产业体系具有旺盛的生命活力，进而促进新闻出版产业发展和社会进步。

第三节 数字出版产业的经济特征

随着数字技术普遍应用、商业模式日趋成熟、经济规模迅速壮大等，数字出版作为一个新兴产业的经济特质逐渐显现出来。从形成条件、生产对象、经营方式等角度看，数字出版产业主要的经济特质在于：它是以信息和知识为核心资源，以版权保护为基础，以获得社会注意力为目标，具有双边市场结构的特性。

一、以信息和知识为生产对象

从本质上讲，出版活动的对象是信息和知识。信息是物质存在和运动的表现形式，知识则是人的大脑通过思维重新组合的系统化的信息。1996年世界经合组织发表了题为《以知识为基础的经济》的报告，认为知识经济是建立在知识和信息的生产、分配和使用（消费）之上的经济。它是相对于农业经济、工业经济而言的新的经济形态。知识经济是把知识作为最重要的资源，并把人创造知识和运用知识的能力看作是最重要的经济发展因素。数字出版产业正符合知识经济的这一本质特征，数字出版产品的生产、流通和消费都围绕一定的数字内容展开。数字内容是由人类所创造出来的符号化的信息、知识和文化构成，且与传统出版必须借助物质化的载体手段不同，它可以脱离载体而纯

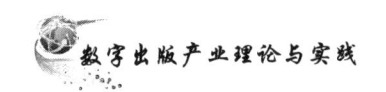

粹以信息的方式存在。

相对于传统出版及传媒产业所经营的内容来说，数字出版内容具有更长、更鲜活的生命力。这是数字出版内容两个显著特征决定的：其一，具有多重生命。"内容具有多重生命"的观点是美国学者 Joan Van Tassel 在《数字权益管理》一书中提出的，他认为内容"首先是一个初始的产品，其次是一种可以被赋予新的形式的财产——可以被重新包装、重新发布和重新设计；然后通过在几乎没有数量限制的播放器和设备分销、购买；并且通过种类繁多、相互结合的形式来获得体验。"他认为，传统的内容制作阶段包括开发、生产、作品发布、分销和消费。数字环境下的内容所有者则必须加入对生命的重新赋值（包括重新包装、重新表达、重新定位等），如果最终的产品被重新制作，重新分销并且被一个新的用户群体来使用的话❶。其二是交互性。信息和知识在消费的过程中不仅不会被消耗掉，而且还遵循着边际效益递增的规律，但传统出版的内容完全由它的创造者和传播者决定，一旦"出版"被确定下来，不容更改；而在数字化环境下，数字出版的内容在生产、传播和接受的过程中，可以不断地被修改、增减，甚至消费者也可拥有和作者、传播者同等处理内容的权力（版权保护的权利除外）。

二、以创意为核心资源

以信息和知识为内容的数字内容是大脑的创造物，其源头是人类的创意，所以，数字出版业无疑是创意产业的重要组成部分。创意是数字出版业的根本源泉，所以，激发、保护并开发创意，进而培养、聚集有创意能力的人就成为数字出版产业获取资源的主要手段。虽然传统出版业也以知识和文化为生产对象，但在信息技术及数字环境下，数字出版摆脱了传统出版业精英化的创作模式、工业化的生产手段和物质化的载体及传播渠道，为创意从创作到消费开辟了无限的发展空间。借用有的学者对创意经济的论述，这一变化"将关注重点从信息、知识等具体方面转向抽象的个人创造性思维层面，从最初依靠科

---

❶ Joan Van Tassel. 数字权益管理 [M]. 北京：人民邮电出版社. 2009：55.

技、网络等人类创造性思维的劳动成果,进而转向具备创造性的个体——人,直至重视培养与追逐具备创新精神的人才"❶。

以创意为源泉的数字出版产业改变了内容创造的传统模式,实现了从精英向大众的转变。《创意经济》的作者约翰·霍金斯认为,创意经济依赖于个人的创意、想法,不会被艺术家等特定人群所垄断,任何人都可以有创意,都可进行创意。国内著名学者厉无畏也指出创意不是大师的专利。这在数字出版业就表现为内容创作者、生产者和消费者之间的界限模糊,进而带来一种用户创造内容、获得资源的新模式。

三、以版权保护和管理为运行基础

"知识产权和版权是贸易信息时代的原料和基石"❷。对数字出版产业的运行来说,版权保护和管理是重要前提和基础。经济学意义上的版权是一种财产权,是对知识、信息及技术成果进行排他性使用、支配的一种权利,其客体是财产权这一无形资产,而不是知识、信息及技术成果本身。信息和知识产品具有公共品属性,在消费上具有非竞争性和非排斥性的特点。相对于其他的信息和知识产品来说,以数字化、信息化存在和传输的数字出版内容,具有更强的公共品属性;同时,数字出版内容的复制和传播的成本都接近于零,这就决定了数字出版产业的运行对版权保护和管理的要求更高。

对数字出版产业的内容进行版权保护,其价值和意义在于它能激励社会有效率地配置和使用知识、信息资源。但在现实实践中,数字版权的保护面临着严峻的挑战。目前,从发展中国家到发达国家,数字出版产业的各个环节,从作家创作到作品的加工、传播直至最终的消费等,经常发生侵犯版权的现象。其部分原因在于在该产业运行的各个环节上,针对数字版权的盗版更加容易;此外,至少还有四个可能更重要的原因:第一,传统采用的利用法律手段保护版权的方法远远不够,数字版权的保护同时需要技术手段(即通常被称为DRM)得以实现,但在信息技术飞速发展的背景下,通过技术手段筑起的版

---

❶ 黄阳,吕庆华. 创意经济:以人为本的经济发展观 [J]. 理论探索. 2010 (3):70-72.
❷ Joan Van Tassel. 数字权益管理 [M]. 北京:人民邮电出版社. 2009:17.

权壁垒很易于失效。第二，自网络诞生以来，普通消费者已经习惯了免费获取网络信息的方式，对数字出版内容缺乏版权意识。第三，更深层的因素在于，在学术研究甚至立法层面还存在版权保护所涉及的版权利益人与公众利益之间平衡问题的争论。第四，数字版权已经超出了传统以国家为单位进行立法保护的对象，成为全球性问题。

或许，保护数字版权的技术和法律手段都不会臻于完美，甚至关于版权保护所引发的公共权益问题的争论将继续进行，但数字出版内容的创造者、生产者及其他版权利益相关方，必须通过版权保护和管理才能达到营利的目的；否则，数字出版产业也行之不远。

四、以获取受众注意力为目标

从产业运营的角度看，数字出版产业是注意力经济，是以获取受众的注意力进而获得商业利益的一种经济形式。

人们对数字出版物的消费需要支出货币和时间上的双重成本，在信息越来越丰富的背景下，时间对于消费者来说越来越宝贵。为了节约时间成本，消费者需要从海量的信息中选择最重要、最有意义的信息，这种选择机制就是注意。心理学认为，注意是认识（包括感知、记忆、思维等）选择性的高度表现，其注意对象有高度的专一性。而"注意力"，按照托马斯·达文波特和约翰·贝克在《注意力经济》一书中的定义：是对某条特定信息的精神集中。当各种信息进入我们的意识范围，我们关注其中特定的一条，然后决定是否采取行动[1]。数字出版从有限的物质化信息生产桎梏中解放出来，在全新的数字化信息环境中运行，泛滥的信息给消费者的信息消费活动带来严重干扰，也消耗着消费者宝贵的注意力资源。如果内容不能成为消费者注意力所关注的对象，就会成为干扰消费者正常信息消费的"噪音"，其存在的价值就变为负值。所以，从根本上说，数字出版的价值实现方式和运营目标就是吸引并获得消费者的注意力。

---

[1] 唐朝华. 受众注意力的特点与商业营销策略 [J]. 湖南科技学院学报. 2005（2）：234-236.

最早提出注意力问题的是诺贝尔经济学奖获得者赫伯特·西蒙："信息需要消耗什么是非常显而易见的，它会消耗信息接受者的注意力。因此，过量的信息会导致注意力的贫乏。"❶ 这种观点被IT业和管理界形象地描述为"注意力经济"（the economy of attention）。最早正式提出"注意力经济"概念的是美国的迈克尔·戈德海伯（Michael H. Goldhaber）1997年在美国发表了一篇题为《注意力购买者》的文章，认为当今社会是一个信息极大丰富甚至泛滥的社会，而互联网的出现，加快了这一进程。相对于过剩的信息，人们的注意力成为一种稀缺资源。Web2.0技术出现后，中国学者姜奇平提出了"基于意义的注意力经济"，认为注意力不是一种被动的信息接受，而是一种主动的信息选择；用户根据自身框架所依据的意义进行信息选择。对厂商来说，不再意味着用广告式推销来消解消费者的选择，相反意味着要通过对话中的意义挖掘接近用户，使用户将注意力真正集中在自己的需求上❷。

作为一种注意力经济，能否获得受众的注意力资源就成为数字出版产业运营成败的关键。根据姜奇平"注意力形成与对话循环"和"注意力取决于意义挖掘"的观点，数字出版的运营在获取消费者注意力上可以从三个方面努力：一是利用网络加强数字出版企业与用户之间的互动，跟踪、收集、分析用户的消费意图；二是从信息加工的观点来看待意义选择过程，用编码、解码的方法，进行语形、语义和语用之间的转换，发掘用户潜意识领域、情感领域等的深层需求；三是利用符号传播、网络互动等方法，实现数字内容的交换，最终实现注意力从眼球到精神价值的转换。

五、双边性市场结构

相对于传统出版业，兴起于数字、网络技术基础上的数字出版产业的一个独特之处还在它具有双边性市场结构的特征。

双边市场理论兴起不久，一般认为其形成的主要标志是2004年于法国图卢兹召开的，由国际产业经济研究所（IDEI）和政策研究中心（CEPR）联合

---

❶ 姜奇平．基于意义的注意力经济［J］．互联网周刊．2006（20）：78.
❷ 同上。

主办的双边市场经济学会议。关于双边市场的定义，经济学家们各有不同的说法。阿姆斯特朗认为，两组参与者需要通过中间层（intemrediary）或平台（platform）进行交易，而且一组参与者（最终用户）加入平台的收益取决于加入该平台的另一组参与者（最终用户）的数量，这样的市场称为双边市场❶。这一定义虽然没有获得研究界的普遍接受，但抓住了双边市场的三个基本要素（平台、买家、卖家）及它们之间的基本关系。双边市场一般具有三个特征：第一，有两个不同的消费者群，例如银行卡支付平台中的持卡人和商家，互联网上交易平台的买方和卖方。第二，两个消费者群之间有外部性。第三，存在一个中介平台，能够将两个用户群之间的外部性内部化。由于信息不畅、比较高的交易成本以及根本无法交易等问题，用户群依靠自己来内部化其外部性的困难往往比较大❷。

由于大众传媒业一般同时在广告和受众两个市场上运行，大众媒介在两个市场中起到了桥梁或平台的作用，所以，大众传媒业被认为是具有双边市场特征的产业之一。数字出版产业除了一般传媒业在广告和受众两个市场上同时运行的模式外，还有一种更典型的双边市场模式，即在内容提供者、内容购买者两个市场上同时运行。

数字出版产业双边市场具有两个独特属性。

第一，数字出版企业联结着多种消费群体，包括内容提供方、受众、广告商等。数字出版企业开展经营活动，必须通过一定的网络平台向消费者提供产品和服务，这些消费者包括三个群体：一是内容提供方，包括作者、媒体或内容产品提供商。数字出版企业通过网络平台高效优质的服务和数量众多的受众，吸引大量的内容提供方参与。二是受众。数字出版平台上的内容产品质量越高，内容越丰富，受众越愿意到该平台上消费，获得的效用就越大。三是广告商。目前，只有部分数字出版商开展广告经营业务，但对于采用免费阅读模式的平台来说，广告是主要的收入来源。所以，从内容平台的结构特征看，数字出版产业是一种典型的双边或多边市场型的平台经济。

---

❶ 郭秀兰．基于双边市场定价理论的媒体市场研究综述［J］，《财经界》（学术版），2010（3）：46-47.
❷ 纪汉霖．双边市场定价策略研究［D］．复旦大学．2006：21.

第二，数字出版产业的双边市场存在着多边交互性。在数字出版产业中，由于存在三个不同的消费群体，这三个群体之间都存在交互性，所以，数字出版产业的双边市场体现了"多边市场"的结构。受众对平台的需求主要体现在内容产品上，内容提供方在一定程度上决定了平台上的内容产品的数量和质量。内容产品的数量和质量不仅影响受众，还会直接影响广告商对广告的投放量，而广告量的多寡一方面会影响内容产品的定价水平；另一方面会影响内容提供方和受众的消费意愿。所以，对数字出版产业的经营者来说，一个重要的任务就是调节好三个消费群体的利益关系。

第二章　数字出版产业经营

数字出版产业的经营需要在科学认识产业运行特征的基础之上，积极应对数字技术对产品、渠道、消费等带来的挑战，在内容的关联性和客户价值上建立新的运营思路，不断探索新的经营模式。

第一节　数字出版产业经营模式

作为一个基于内容生产为基础的知识产业，数字出版为适应产品形态多样化、传输网络化等特征，获取尽可能多的收益，就必须创造出比传统出版更复杂的经营模式。按照价值链的不同环节，数字出版的经营可以定义为三个模式，即内容模式、营销模式和收入模式。数字出版企业可以根据自己的实际情况，任意组合这些模式，从而形成独特的数字出版经营模式。

一、内容模式

1. 数字出版的内容与内容模式

内容模式即数字出版企业如何创造或实现内容的价值。内容是数字出版产业经营的主要对象，没有大量的能够满足市场需要的内容，就不可能获得收益，所以，内容模式的好坏在很大程度上决定了数字出版企业经营的成败。

数字出版的内容是由符号性的知识和文化构成，从不同角度可以进行不同的分类。从满足的社会需求性质看，数字出版的内容可分为娱乐性内容、教育性内容和专业学术性内容，以这三类为主要经营对象的产业部门可以分别称为大众出版、教育出版和专业学术出版。这在基本形态上与传统出版业相似，实际上，数字出版中的大众性娱乐性内容远比传统内容的涵盖面要广。从生命周期角度看，数字出版内容也可分为三种：一是潮流性或热点性内容，该类内容往往与大众所普遍关心的话题相关，能在整个社会中迅速产生具有爆炸性影响，但随着社会风尚的更易和读者阅读口味的变化，它们会迅速失去价值。二是具有长尾效应的内容。三是具有一定持续性生命力的内容。三种内容各有一定的特点、受众面和盈利潜力。

2. 主要的内容模式

数字出版企业在确定内容模式时，首先要考虑的是策划创造能满足受众需要的内容。这里的受众既可能是个体消费者，也可能是机构性用户。不管怎么说，该模式需要数字出版企业把内容创建、集合置于首位，尽可能扩大内容规模，再通过多而全的内容吸引与其对应的用户。

（1）用户体验模式。这种模式认为所有的内容都应该为客户提供一种独特和愉快的体验，而不仅仅是信息、知识或服务。这种理念的核心是，体验也是一种产品。方正阿帕比就采用该模式，它将数字出版内容通过互联网、手机、手持阅读器、U阅迷你书房、迷你数据库、触摸屏阅读机等渠道，以移动阅读或数字库查询阅读方式，为各种需求的读者提供直观快捷的阅读体验。再如"读览天下"网，不仅有优秀的设计页面和展示方式，重要的是它从用户需求出发，将互联网阅读、手机阅读的界限打通，让读者成为一个真正的内容专注者；在运营上不断追求高品质的内容呈现，同时将互联网和实体杂志、报纸等媒介消费的通路开放，让读者拥有更多的选择空间。

（2）捆绑和购物车模式。捆绑意味着将很多不同类型的内容都放到一些有吸引力的网页或存储器中，这些内容可以是来自不同地方，涉及不同领域，用户只需为捆绑的所有内容支付一次单独的费用。再如，《大英百科全书》就以电子版、网络版等多种数字化版本形式提供服务。其中《大英百科全书（2009完全版）》的CD或DVD以每张39195美元的价格进行销售，读者在购买该版本产品的同时还可获得价值70美元的为期一年的网络版免费试用服务。

购物车模式一般意味着用户只需一次支付就可获得尽可能多的同类内容。人们每月或每年支付一次固定的费用后就可以无限量地下载内容，就是购物车模式的典型例子。例如，目前国内大多数面向机构用户的数据库如 CNKI、重庆维普、龙源期刊网等，就采用这种模式。当下流行的手机报也广泛应用该模式。

（3）用户创造内容模式。用户创造内容即 UGC，"User Generated Content"的缩写，有的地方也称作 UCC（即"User Created Content"），它是指用户将自己原创的内容通过互联网平台进行展示或者提供给其他用户。随着网络的兴起，内容创造模式经历了一个由精英向大众的转变，尤其进入 Web2.0 时代，网络上的每一个用户都可以生成自己的内容。无论是传统互联网还是移动互联网，越来越多的内容不再来自于传统媒体或互联网增殖服务提供商，而是直接来自于用户：论坛、博客、社区、电子商务、视频分享乃至游戏等各种应用。在这种模式下，数字出版商的角色是内容运营商，而不再是内容提供商，它通过搭架开放式的网络、加强 UGC 内容的组织和管理，吸引用户参与，可就具有增值价值的内容与用户进行收入分成，也可以通过这类业务刺激流量、获得广告收益等。著名的维基百科 wikipedia 就采用这种模式，它是一个自由、免费、内容开放的百科全书协作计划，每天都有来自世界各地的参与者进行数以千计的创建条目和编辑工作。

（4）授权许可和企业联合。数字出版企业如果面临自身内容资源不足或扩大市场势力的情况，可能会与其他的内容提供商采用授权许可和企业联合的方式迅速扩大内容规模。龙源期刊网是一家从事传统期刊数字化内容发行的公司，主要通过与各期刊社签订合同获得对期刊内容的授权经营，目前在线传播的期刊达 3000 多种。盛大文学则主要通过企业并购的方式获取内容。盛大文学有限公司自 2008 年 7 月成立以来，通过频繁的收购行为，至今旗下已拥有"起点中文网"、"潇湘书院"、"言情小说吧"、"晋江原创网"、"红袖添香"、"榕树下"与"小说阅读网"七家国内最领先的原创文学网站，占据国内原创文学市场份额的 80% 以上。

二、营销模式

营销是一个发现潜在客户、传送产品或服务价值并获得收益的过程。对数字出版来说，营销模式需要回答这样的问题：面对某一特定用户或用户群，营销主体的内容拥有何种吸引他们的特质？这些用户为什么要注意和消费这种内容？他们如何发现这个内容？数字出版的营销模式主要有拉动式营销、推送式营销、全媒体营销等模式。

1. **拉动式营销**

拉动式营销策略是指通过激励消费者的购买欲望与购买需求，自下而上地按照消费者→经销商→零售户→生产厂家的顺序进行逆向宣传、推广的一系列营销活动。如施普林格通过与搜索引擎公司建立技术合作关系，通过搜索引擎把终端读者拉到施普林格的出版平台上。这种营销策略目的性强，效果很好，也不会大量占用和浪费营销资源。自2006年10月SpringerLink 2.0与谷歌合作以来，谷歌已成为SpringerLink最大的访问者来源。2006年SpringerLink 2.0平台的全文下载量比2004年增长300%，而2007年第一季度全文下载量已经与2006年全年持平。

2. **推送式营销**

推送式营销是指一种根据产品的流通渠道，自上而下地按照生产厂家→经销商→零售户→消费者的顺序进行宣传、推广等一系列的营销活动。

数字出版的推送式营销主要有以下几种形式❶：（1）主动推送相关内容产品。系统平台根据读者所检索到的产品信息，主动推送相关或相近的产品给读者。如读者在清华同方知网平台上查找到某一篇文章或论文时，平台系统能主动检索到与之相关或相近的文章或论文，并主动推送给读者，为其提供了很大的方便。（2）采用数据挖掘技术，主动推送读者可能感兴趣的内容产品。经常在某一网上书店购书的读者会有体会，当进入到该网上书店购书时，书店会主动推送一些自己可能感兴趣的内容产品给你。这是由于系统平台采用了关联规则挖掘技术，从自己历次的购买记录中挖掘出了你的购买习惯。（3）广告宣传。基于数字出版平台，将新产品以文字动画、卡通动画等形式在网页上进行宣传。（4）电子邮件宣传。以电子邮件的方式主动将新产品信息发送给读

---

❶ 赵海宁，黄孝章．数字出版产品营销策略分析［J］．出版广角．2009（4）：16-17．

者。如当当网、亚马逊网都能根据读者的购买兴趣和习惯主动将新产品信息以邮件的形式告诉读者。

推动式营销的最大优点是操作简单而且短期内效果明显。但其主要的缺点是将营销的重点放在了产品的流通渠道上，对消费者的关注不够。

3. 全媒体营销

全媒体营销又称全媒体出版，即一种内容、多种媒体、同步出版。这些媒体包括传统的纸质、互联网、手机、电子阅读器、电影等。实行全媒体营销是建立在数字内接传播渠道和接受终端基础上的受众细分。受众的阅读行为呈现出越来越大的差异化、个性化。对此，应统一管理海量内容，利用好多维度繁杂交错的渠道，用运营的方式来实行全媒体营销。在进行该方式营销时，必须在对用户进行分析及数据挖掘后，找到信息对称点，即让用户与内容形成对应关系，然后将内容进行精准投放。简单地说，就是在对用户阅读习惯进行分析后，用内容智能推荐功能进行定向营销。中文在线在全媒体营销方面做出了很多探索性尝试。

三、收入模式

数字出版的收入模式，是指出版企业在开展数字出版业务中经济利益的总流入，可以分解为收入源、收入点、收入方式三个相对独立的功能模块。"收入源"指企业据以获取收入的那部分价值内容，解决的是"凭什么收费"的问题；"收入点"指企业据以获取收入的那部分目标客户，解决的是"对谁收费"的问题；"收入方式"指企业获取收入的手段，包括定价方式、付款方式、促销策略等，解决的是"怎么收费"的问题[1]。根据数字出版产业的经营实际和我国的客观情况，综合考虑收入模式的三个功能模块，出版企业可以从如下三种基本模式中选择、组合、形成自身的收入模式：内容销售、广告赞助、版权经营。

---

[1] 金雪涛，唐娟. 数字出版产业价值链与商业模式探究[J]. 中国出版. 2011（2）上：56-59.

1. 内容销售模式

数字出版是内容产业，数字化的知识和信息产品是出版企业最重要的资产，向消费者提供内容并向其收取费用，是出版企业获得收入的最基本、最重要的方式。

内容销售模式，就是通过向内容消费者提供有价值的内容并获取收入的模式。在这种模式下，内容产品或内容服务是收入源；内容消费者是收入点，包括机构客户和个人客户；收入方式则包括付费、订购、微支付等。按照内容的性质、形式和销售方法，该模式还可细分为电子书、数据库、在线教育等模式。

（1）电子书模式。电子书，即Ebook，是利用计算机技术将一定的文字、图片、声音、影像等信息，通过数码方式记录在以光、电、磁为介质的设备中，借助于特定的设备来读取、复制、传输❶。百道新出版研究院根据电子书的呈现形式及其与传统书籍的关系，把电子书划分为三个基本类型：电子书1.0（Ebook1.0），即传统印刷图书所对应的电子版；电子书2.0（Ebook2.0），指从生产到发布都只有数字化形态的电子读物；电子书3.0（Ebook3.0），指除了文字、图、表等平面静态阅读要素以外，集成了声音、视频、动画、实时变化模块（如嵌入的网页）、交互模块等要素的多媒体读物。三种类型代表了电子书三种不同的发展阶段，各有不同的商业模式和运作方法。对传统出版社来说，一般从电子书1.0（Ebook1.0）起步，可以逐渐升级到电子书2.0、电子书3.0❷。出版企业通过个人计算机、平板电脑、智能手机和手持阅读器等终端设备，向读者有偿提供电子书的在线阅读和下载服务，并通过会员制、年度订购、周期订购、按次浏览、按流量计费、按内容单元（册、页、篇、章、知识单元等）计费、按信息量（如字数、字节数）计费等不同方式对读者进行收费。电子书模式是国内外出版机构最常用的一种模式。如人民军医出版社所开发运营的医学手持阅读器——军医掌上图书馆。这是军医社利用自主版权

---

❶ 金雪涛，唐娟. 数字出版产业价值链与商业模式探究［J］，中国出版. 2011（2）上：56-59.
❷ 百道新出版研究院. 2011中国电子书产业研究报告［R/OL］, http：//bnpi.bookdao.com/rpt_y2011_catalog.shtml.

内容，开发的一款手持医学阅读器，其中预装了近1000本军医社完全自主版权的医学图书。同时，军医社专门建造了"军医书城"网站作为内容补充更新的后台支持，多方位满足读者的阅读需要❶。

（2）数据库模式。数据库模式指出版企业通过搭建具有海量知识和信息内容的数据库平台，为读者提供全文检索、知识元搜索、标题内容提要的免费阅读和全文付费下载服务的一种收入模式。这种模式多见于专业和学术出版领域，用户多为高校、科研机构、公共图书馆、政府机关、企业、医院等机构；主要采用订购方式向机构和个人以年、月为周期收取费用，同时也支持按实际下载量计费、按篇定价等微支付方式；该模式运作方式清晰，发展较为成熟。国际出版巨头爱思唯尔的ScienceDirect数据库、施普林格的SpringerLink平台就该模式，其中主要收录科技著作和论文，面向全球用户进行订购。国内的同方知网、维普、万方、龙源期刊网、书生等也采用数据库模式。国内出版社在数据库模式上也有成功案例。作为专业出版社，2009年社科文献出版社正式上线销售其皮书数据库。皮书数据库以篇章为基本单位，内容包括2万余篇专项研究报告，总字数超过5亿字，并以每年1亿字的速度增长。据不完全统计，皮书数据库（一期）3年的累计综合访问量达到396万人次，随皮书附赠的"阅读卡"合计72万张，面值7290余万元。皮书数据库是以大型连续性系列图书——皮书系列为基础，保存整理了近20年间数千名研究人员的年度报告类科研成果，内容涉及经济、社会、文化、教育、金融等100余个行业和领域。由于其专业价值，皮书数据库也体现了广泛的影响力❷。在医学领域，人民军医出版社和解放军图书馆合作开发运行医学专业数据库——《中华医学资源核心数据库》。该数据库总字数达30亿字，细分为疾病、药品、辅助检查、循证医学等10个子数据库。这是目前国内最大的医学专业数据库❸。

---

❶ 张春峰．人民军医出版社 打造数字出版轻骑兵［N/OL］．出版商务网．http：//www.cptoday.com.cn/UserFiles/News/2012-12-25/59856.html．

❷ 人民网．数字化转型，传统出版何处发力？［N/OL］．http：//media.people.com.cn/GB/22114/50421/226229/15124443.html．

❸ 张春峰．人民军医出版社 打造数字出版轻骑兵［N/OL］．出版商务网．http：//www.cptoday.com.cn/UserFiles/News/2012-12-25/59856.html．

第二章　数字出版产业经营

（3）数字教育模式。数字教育模式，或称为数字学习（E-learning），是指以网络为媒介，通过根据专业课程建立分学科、分阶段的在线教学平台，以会员制的方式向在校教师和学生等用户提供多媒体、互动性强的教学资源和在线解决方案。其运营模式大概有六类：第一类是在线课程，使用视频、音频的多媒体技术，使学生可以在线学习，作为对平时课程的一种补充，也作为远程教学的一种学习；第二类是家庭作业管理；第三类是在线测试，利用开放的软件系统对学生的学习结果进行测试；第四类是在线书，可以在线下载，电子图书有两种版本，一种跟印刷本完全一样，另外一种是在印刷本的基础上加上视频等多媒体的元素；第五类是在线的课外辅导；第六类是虚拟的体验材料，如做游戏、作业等❶。

国际出版巨头培生集团、麦格劳-希尔教育出版公司等都已经采用在线教育的形式开展数字出版业务，并日益拓展壮大。国内的出版企业如中国教育出版传媒集团、浙江教育出版社、外研社等也纷纷涉足此领域。由中南出版传媒集团股份有限公司和华为技术有限公司共同投资组建的天闻数媒科技（北京）有限公司（以下简称"天闻数媒"）的电子书包项目，就是一个面向中小学的数字教育模式典型。其开发的"天闻数媒 AiSchool 数字化课堂解决方案"具有以基于新课程标准的电子教材为主体、整合数字化教学工具软件、嵌入式教学资源、多媒体课件、知名教师示范课为一体的备授课平台，还有资源中心、题库中心和教学测评系统。该方案最大的特点是"云管端"+优质教育资源+服务；其中的云包括教学云、资源云与管理云，它通过构建高密度覆盖的网络管道，支持开放的多终端（PC、IPTV，PAD）接入，满足课堂上师生互动协作教学、课外自主探究学习❷。目前，天闻数媒的数字教育产品已经在深圳、长沙等地的学校开始使用。人民教育出版社经营的人教学习网，定位于为全国范围内的中小学师生提供方便、快捷、高效的网络学习平台和网络学习产品，以信息化互联网测评手段对学生的学业水平情况进行诊断、制定科学的学习计

---

❶ 金雪涛，唐娟. 数字出版产业价值链与商业模式探究 [J]，中国出版. 2011（2）上：56-59.
❷ 中国教育装备采购网. 天闻数媒 AiSchool 数字化课堂解决方案获批 [N/OL]. http：//www.caigou. com.cn/News/Detail/113852.shtml.

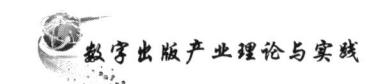

划进行综合辅导。该网站分为学生专区、教师专区、家长专区以及相应的辅助模块，通过论坛、博客、互动交流平台等多种方式使学生、教师和家长能够充分沟通，满足不同层次消费者的需求。根据专区和模块的不同主要设置电子课本、特级老师同步辅导、名师指导拓展学习、中高考好帮手、教师专区、家长专区等栏目[1]。

2. 赞助模式

数字出版产业具有双边性市场结构特点，这决定了出版企业的收入可以在内容消费者之外，开拓新的收入来源。赞助模式是广告模式和作者赞助模式的合称，广告模式指出版企业利用有价值的内容吸引规模用户的注意力，再利用注意力资源从广告商那里获取收益的一种模式；赞助模式是指出版企业利用自己的品牌影响力和有价值读者群的优势，吸引机构或个人作者付费，以资助作品的出版和传播。二者的相同点在于：出版企业的收入源自于其规模化用户、较高的品牌价值或较高的行业公认度；内容的消费者不付费或付少部分费用，出版企业的收入主要来自广告客户和作者；分别以版面费、出版费或广告费的形式支付。

（1）广告模式。出版企业作为一个平台联系着广告主和读者两个客户群体。其双边市场具有以下特征：第一，平台的双边是不同产品、服务的卖主和买主；第二，读者和广告主两个客户群体间没有直接的交易关系，其利益相互依赖又相互矛盾；第三，读者的数字内容消费具有可预测、可测量的特征。双边市场的存在，使得出版企业在收入模式上，能以低价将出版内容产品售卖给读者，而后将读者的注意力售卖给广告主以获得更大的收益。

广告支持模式是大众媒体获取收益的一条最主要的传统途径之一。在数字环境下，优质的内容资源不仅可以吸引广告主的投入，更能以丰富灵活的表现形式满足广告主的各种需求。该模式以门户网站、搜索引擎为代表。门户网站从传统媒体购买内容，搜索引擎利用搜索技术集纳内容，然后两者都将内容免费提供给网民以换取人气和流量，再用人气和流量吸纳广告，广告收益是这类

---

[1] 人教网．http：//www.pep.com.cn/．

网站的主要收入来源。从某种意义上讲，搜索引擎网站并不是数字出版企业，只能算作出版业的数字渠道。但是随着谷歌等网站将数字化的图书内容、音乐，加入图书搜索频道和 MP3 音乐频道，并且 Google Print 进一步将全球所有图书数字化之后，搜索引擎网站已经向数字内容服务商转变。在经营上，它们采取了一贯的用户免费使用、广告盈利的模式。谷歌对数字出版业务的介入，主要是通过其"图书搜索"项目进行的。谷歌图书搜索是一种图书内容的全文索引目录，读者在搜索结果中发现感兴趣的图书后，能够进行少量的图书内容浏览，如果想要买到全文书籍，可以通过在搜索结果页面上出现的出版社网站以及网上书店的链接方便地进行图书购买。谷歌搜索的图书主要有两个来源：一是从出版社获得，二是来自于图书馆。目前谷歌从出版社已经拿出的可供全文检索的图书有 100 多万种，全球有 1 万多家出版社参与了这项图书搜索项目，我国也有 20 家出版社参与了该项计划。谷歌将出版社提供的图书通过扫描的方式放进自己的服务器内，读者进入图书网页后，就可以看到书中的一些页面。对出版社来说，利用这样的搜索引擎可以让更多的人浏览到自己所出版的图书，发掘潜在读者，并延长图书销售周期和寿命。曾有数据表明进入谷歌服务器的非畅销的图书销量可提高 6%～8%。当然，考虑到版权问题和自身利益，出版社提供给谷歌的图书以专业书、非畅销书居多。谷歌凭借其强大的搜索能力，开通"图书搜索计划"（Google Book Search）业务，吸引到全球众多的用户和广告主，在为读者提供免费的搜索服务，提供图书的提要、片段或者部分页面的同时，谷歌在图书页面配有相关的广告，按照点击量向商家收取广告费，并将收入以六三（出版商）：三七（谷歌）的比例进行分成。谷歌这一收入模式，在国内外许多大型门户网站和搜索网站的图书业务中被采用，如百度图书搜索、新浪读书频道、搜狐读书频道等。出版社既可以与这些门户网站和搜索网站合作获取广告收入，也可以在自己的传播平台上实行广告模式。

（2）作者资助模式。在学术研究出版领域，为了满足研究者和研究机构获得科学发现优先权或使研究观点快速、广泛传播的需求，出版商可以采用内容提供者支持的收费模式。近些年，在全球的专业、学术出版领域逐渐兴起了开放存取（Open Access）的出版类型，一般就是从作者那里获得收入，当然对其他来源收入充足的出版商来说，他们对开放存取的期刊出版也可能采用向作者免费提供的模式。目前，越来越多的 OA 期刊通过接受资金赞助、收取出版费、审稿费等收入方式实现发展❶。科学公共图书馆（Public Library of Science，PLoS）在 2007 年取得 348.6 万美元收入，2008 年取得 614.2 万美元的年收入，年度增长 76.2%❷。在 PLoS 出版的 7 种 OA 期刊中，PLoS One 已经实现盈利，还可以贴补其他期刊的运营。BioMed Central 作为是一家传播科学研究成果的开放获取出版社，其内容完全向读者开放。出版 250 多种期刊，内容覆盖整个生物、医学、化学、物理学等领域。读者可以随时随地免费通过网络获取论文全文，但通过收取"文章处理费"（APC）来支付成本并获利。"文章处理费"是一项固定收费，不同学科、不同期刊的收费标准不一，每篇单价在 500～2000 美元，支付者可以是作者、作者所在机构或社会资助机构❸。它在 2007 年就获得了大约 1500 万欧元的收入❹。另外，爱思唯尔、斯普林格在内的许多商业性科技出版机构开始采用"即时开放（Immediate Open Access）"、"延时开放（Delayed Open Access）"和"选择性开放（Optional Open Access）"等策略出版网络科技期刊。选择这些开放存取出版策略的出版商在获得原来订阅收入的同时，还可以获得赞助和版面费等收入。如牛津大学出版社 2003 年 8 月开始采用该出版策略的《核酸研究》（Nucleic Acids Research），在 2004～2007 年的订阅数量一直保持稳定，其订阅收入占总收入的比例却由 2004 年的 83% 下降到 2007 年的 34%，作者付费收入占总收入的比例则由 8% 上升到 52%❺。

（3）自助出版模式。自助出版即作者个人写书，自己编辑、印刷、发行、投资出版图书。自助出版服务的客户主要有两类：一类是只想出版少量图书的

---

❶ 刘锦宏，顾轩. 网络科技期刊收入模式研究［J］. 出版科学. 2009（5）：79-83.
❷ PLoS Progress Report ［OL］. ［2009-07-06］. http://www.plos.org/downloads/progress_report.pdf.
❸ 参见该机构网站 http://www.biomedcentral.com/info/authors/apcfaq_ch.
❹ Springer to acquire BioMed Central Group ［OL］. ［2008-07-06］. http://www.springer-sbm.com/index.php?id=291&back-PID=131&L=0&tx-tnc-news=4970&cHash=56b1d882b2.
❺ Claire Bird. Oxford Journals' Adventures in Open Access ［J］. Learned Publishing, 2008（2）：200-208.

作者，另一类是有商业抱负的作者。出版商通过为这些作者提供服务收取报酬，所以其收入主要来自作者，只有少部分来自销售市场。网络技术的发展和数字印刷技术的成熟，催生了这个模式的兴起，目前美国已有100多家出版公司如Xlibris、iUniverse、Lulu等开展这类业务。美国的图书零售巨头亚马逊较早成立了专门按需印刷出版社BookSurge，为作者出版作品，而作者需要为每本书支付最少3.15美元的费用，另外还要为黑白版印刷支付每页2美分的印刷费。此外，如果图书在CreatSpace的网页上销售，作者要向亚马逊支付图书定价的20%，如果在亚马逊网站上进行销售，则需支付图书定价的30%。由此算来，如果一本定价25美元的黑白版图书通过CreatSpace销售，每售出一本，作者会得到14.85美元，亚马逊可获得10.15美元。有的作者在达成自助出版协议后只印刷几册，并通过零售商直接销售，这时图书可以在亚马逊的一个仓库中心进行制作。对于大宗订单，则通过BookSurge印刷，作者还可以获得更高的折扣，但没有版税收入。

3. 版权经营模式

数字版权经营模式是出版商以贸易、授权经营、合作开发等方式向其他经营者转让或共享所拥有的数字内容版权而获取收入的一种模式。

版权是出版商最重要的资源，数字技术使出版业将走向全媒体时代，具有数字版权的内容作品可以通过不同媒体和载体多渠道同时出版、多载体同时发布、多媒体同时营销，同时获取多种回报，从而带来版权价值的最大化。所以，数字版权经营是实现内容价值、范围经济效应的重要途径，也是扩大出版企业收入渠道的重要手段。

版权贸易是版权经营的一种传统方式，出版商在开拓国外市场时经常采用这一方式，一般把某一作品的特定文字的数字版权售卖给国外的出版商进行获利；授权经营是传统出版商进行数字版内容经营时经常采用的另一种方式，一般的情况是，出版商把自己的数字版内容授权给数字内容运营商或渠道商进行经营，然后按照一定的比例进行分成。目前我国的大部分期刊出版商的数字发行业务都是采用这一方式，相当多的图书出版社也用该方式与汉王、方正、中国移动阅读基地、当当网、苹果的电子书平台等合作开辟新的收入渠道。由于当前的渠道运营商和内容运营商在技术、资本、用户量等方面拥有明显优势，一般的出版商与他们合作时获得的收益比例很低；但对出版商来说，往往在内容、客户端、合作伙伴等方面拥有核心优势，授权经营仅是它获取收入的一种可替代的手段之一。合作开发是指出版企业利用自身的内容资源与其他传媒企业共同开发新的内容产品，如影视、网游、阅读应用程序等，借此获取收入的一种方式。例如，兰登书屋于2005年宣布与福克斯电影公司合作，计划每年至多推出两部电影作品，对每部进行2000万美元的适度投资。合作中，两者以兰登书屋在北美和世界市场上的作品作为故事蓝本，共同参与电影脚本开发、导演甄选以及制作、宣传营销的全过程，共享与图书匹配的电影版权与收入，但福克斯公司享有电影的全球发行权和销售权。

第二节　构建知识网络

在数字环境下，传统书刊、电子出版物品种和网络信息量急剧增加，导致读者在出版物信息海洋里越来越难以找到自己所需要的知识；这既不利于出版产品市场的开拓，也无益于读者的知识利用和知识再生产活动，出版社和读者的价值都无法充分实现。为解决这一问题，出版社可借鉴情报和图书馆领域的知识网络建设思路，在出版经营活动中根据知识之间的关联，建构起由出版物所承载的知识内容为基础的知识网络。

一、知识网络和出版物知识网络

在20世纪中期以后，知识网络先后成为情报学、企业管理学、认知心理学、计算机科学等学科的研究热点。在信息管理、情报学等研究领域，知识网络主要是针对科学研究活动中知识的组织、存储、检索与利用；它被认为是知识节点及其结构与关系。在管理学界，知识网络是一批人、资源和它们之间的关系，为了知识的积累和利用，通过知识创造、知识转移，促进新的知识的利用。在计算机科学和人工智能等研究领域，知识网络通常是语义网络、概念网络、神经网络、Wordnet、Knownet和知网等概念的统称，反映知识和概念之间的逻辑关系，被广泛应用于数据信息可视化、知识挖掘、知识工程、知识表示、自然语言理解等众多领域[1]。不同学科从不同研究的目的和角度出发，对于知识网络的内涵认识各异，但从中也不难看出各领域对知识网络的三点基本共识：（1）知识网络是一个集合概念，"是指由知识节点（知识单元）和知识关联构成的知识体系"[2]；（2）知识网络作为一种知识存在和结构形式，以知识间普遍存在的联系为基础，借助现代信息技术手段实现知识间的广泛而复杂的链接；（3）知识网络的构建根本目的是提高知识利用和知识创新的效率。

出版物所承载的知识之间存在着普遍的、多元的、复杂的联系[3]。在数字化环境下，利用一定的技术手段把相互关联的出版物及其知识内容链接起来，就构成了以出版物为主体的知识网络。可以认为，出版物知识网络是指由各类出版物（包括书、报、刊、音像、网络等载体）所承载的知识及其相互之间的链接而构成的知识体系。

二、出版物知识网络的构成要素

基于出版物内容资源基础上所构建的知识网络，其构成主要包括知识节点、知识关联和知识链接三个要素。

1. 知识节点

在知识网络结构中，知识节点是由在认识上可以相对独立存在的各种知识单体形态，即在认识上具有独立性的知识元、知识单元构成[4]。传统以（书）本、（刊）期为基本物理单位的出版物是一个由多层次知识单元构成的知识集合体，其知识内容具有相对的完整性、系统性和独立性。但从载体形式特点和内容组织看，单个出版物的知识单元可分为三个基本层次：出版物、篇章和知识元。（1）出版物，如一本书、一期期刊、一份报纸等。（2）篇章。一个出版物的内容由数量丰富、颗粒更小的知识单元组成，其中，书籍内容的基本构

---

[1] 文庭孝，汪全莉，王丙炎，周永红．知识网络及其测度研究［J］．图书馆．2009（01）：1-6．
[2] 同上．
[3] 文庭孝，刘晓英，刘进军．知识关联的理论基础研究［J］．图书馆．2010（04）：36-40．
[4] 赵蓉英．论知识网络的结构［J］．图书情报工作．2007（09）：6-10．

成单元是章节，期刊的基本构成单元是单篇的文章；出版物内部的这些篇章也是相对独立的知识单元。（3）知识元。当知识单元被切分到"不可再分割的具有完备知识表达"的程度时，就达到了出版物内容知识的最小单元，即知识元❶。知识元"是构成知识结构的最小独立单元"，用来表示一个个针对特定问题的解决方案❷。根据主题或表达的内容，知识元又可分为三种类型：理论与方法型知识元、事实型知识元和数值型知识元。在如上三个层次的知识单元中，知识元是最基本、最活跃的知识体，知识元之间的排列和组合方式的变化是新知识生产的一个重要途径。

由于出版物具有物质和精神双重属性，出版物的三层知识网络节点也具有内在和外在的双重属性。内在属性指出版物内容知识的本质属性，反映知识与它所认识的客观事物的关系，从这个角度也可将出版物中的知识节点称为"概念"、"事物"、"规律"、"规则"、"学科"等。外在属性是由于知识内容的表达、识别、传播和版权归属等需要所附带的知识，包括名称（标题）、作者、出版者、出版时间、出版地区（网址）、类型、载体形式等信息，这些信息实际上组成了独立知识节点的"身份识别系统"，反映它所对应的知识内容的客观存在性，是知识的知识，在数据库中被称为关于知识的"元数据"。

2. 知识关联

知识关联是指构成知识网络的知识节点之间的联系，即是使各相关节点间形成意义系统的联系❸。出版知识网络中的知识关联是指出版物的知识单元（包括出版物、出版物中的篇章、知识元、句子、词语等知识内容）之间存在的各种联系的总和。"任何一种知识的属性都可能作为一种关联属性构成知识网络"❹。由于出版物知识节点具有双重属性，出版物知识单元之间的关联也包括内在属性关联和外在属性关联两种。（1）出版物知识的内在属性关联是

---

❶ 朱庆华.《知识元挖掘》评介 [J]. 情报科学. 2006（12）：1899-1903.
❷ 姜永常，杨宏岩，张丽波. 基于知识元的知识组织及其系统服务功能研究 [J]. 情报理论与实践. 2007（01）：37-40.
❸ 赵蓉英. 论知识网络的结构 [J]. 图书情报工作，2007（09）：6-10.
❹ 周晓英. 知识网络、知识链接和知识服务研究 [J]. 情报资料工作. 2010（02）：5-10.

知识所描述的事物之间相互内在的联系性决定的，这种内在的联系一般表现为知识单元之间具有的同一关系、从属关系和相关关系的联系。同一性关联指知识节点间具有的某种相同性质所形成的关联，是知识节点继承性的表现；它导致具有相同性质的知识节点以同一性构成联系并相聚形成学科、专业的知识单元集合、网络。从属性关联指某一知识单元或知识单元集合隶属于某一概念、范畴和类别的逻辑关系；它反映了知识单元之间一般和个别、总体和部分的内在关系。相关性关联是指在同一隶属关系之外知识单元间所具有的相互依存、相互渗透、相互制约、相互作用、互为中介的关系，一般是指相反、相对、因果、引用、应用、影响等各种关系❶。（2）出版知识的外在属性关联就是知识的外在属性之间的各种联系，如学术论文作者之间的联系、某学术问题研究的时间和地区分布等。通常来说，外在属性关系简单明确，很容易被发现识别并加以利用；而内在属性关系复杂多样，动态性较强，有的知识关系只能由领域专家发现和建立。

3. 知识链接

在出版物知识网络里，知识链接是根据知识节点的双重属性，通过知识关联将具有同一、从属、相关等内在属性关系和外在属性关系的单元知识，按照固有的联系或一定的需要链接起来，继而构成序列化或结构化的知识网络的一种知识组织方式❷。在出版物所构建的知识世界里，知识之间的关联是客观存在的，同时也可能是隐性的；通过知识链接，不仅可以使隐性关联显性化，实现现有知识之间的互联互通，还可以发现新的知识。在当下的信息技术环境下，不同知识单元联系在一起的技术和方法有传统的目录法、索引法、引用法，现代的超文本链接、主题网关、参考链接等。由于作为知识链接的对象是各种各样的知识单元，知识的颗粒度不同、知识内在属性和外在属性不同，出版物知识之间的知识链接异常复杂。按照知识单元从大到小来划分，出版物知识单元之间的链接形式可分为基于出版物单元的知识链接（也称为参考文献

---

❶ 赵蓉英．论知识网络的结构［J］．图书情报工作．2007（09）：6-10．
❷ 姜永常．知识网络链接的理论基础与基本原则［J］．图书馆．2012（02）：31-34．

链接或引文链接)、基于信息单元的知识链接（也称为知识属性链接）和基于知识元的知识链接（也称为知识逻辑链接或语义链接）。这三种知识链接形式，能使知识粒度由大到小、表现形式由粗到细、对象内容由表及里地对各种类型和属性的知识进行全方位的网络链接，会为出版知识构建一个完整的知识网络体系[1]。

三、构建出版物知识网络的意义

构建出版物知识网络对出版社的数字化转型来说意义重大，不仅是出版社顺应数字时代知识消费的需要，还是它参与数字出版产业竞争的一条可行途径。

1. 顺应数字时代的知识消费需求

据中美两国有关机构的研究表明，数字时代知识消费者的需求和行为相对过去发生了很大变化：知识获取上，需要无缝链接和自助服务；知识内容上，需要从简单文献获取转移到知识发现，甚至支持知识创新；知识检索上，需要一站式、个性化、全文化、可下载；成本上，需要最快、最省力[2]。传统出版业通过书、刊等出版物向社会传播知识，一本（套、系列）书、一份期刊都是一个体系完整而又独立的知识集合体。在一种书刊的内部，知识之间通过"目录"、"索引"等方式建立起粗略的结构链接和字词链接；而书刊与书刊之间的知识关联，由于受物理载体的局限，除了运用"注释"、"参考文献"等有限的技术手段表明知识关联外，知识之间的链接无法建立起来。为了打破书刊知识的这种片段性、孤立性存在方式，历史上的编辑家和出版家们发明了丛书、类书、套书、大百科全书等图书体裁，主要通过分类、集合等方式建立起出版物知识的链接。但这些链接所反映的知识之间的关联比较单一、肤浅、片面和有限，根本无法满足数字环境下读者对知识消费的需要。可见，为顺应知识消费方式的转变，出版社需要改变传统的知识提供和知识服务模式，建立起

---

[1] 姜永常. 知识网络链接的理论基础与基本原则 [J]. 图书馆. 2012 (02)：31–34.
[2] 肖希明，黄连庆. 以需求为导向的数字信息资源开发 [J]. 中国图书馆学报. 2007 (06)：65–68、69.

规模庞大、功能健全、相互之间可互通互联的知识网络。

2. 提升在数字出版产业链中的竞争优势

相对于图书馆界和信息搜索行业，出版行业的知识网络建设远远落后。图书馆界在情报学理论的指引下，在 20 世纪后半期就开始了数字图书馆建设，努力构建囊括人类所有文献知识在内的知识网络；以谷歌和百度为代表的新兴信息搜索服务公司，先后推出了基于知识关联的学术搜索和知识图谱功能❶。近年来，数字图书馆和搜索型 IT 公司依靠强大的知识网络提供便捷优质的服务而获得高额的经济回报。而对于绝大部分出版社来说，基于出版物的知识网络还没有建立起来；在数字化转型中，不少出版社虽然尝试提供电子书刊、数据库等数字化产品，但在知识组织和产品开发上仍拘于传统的编辑出版方式，或改变知识载体和传播方式，或改变知识的存在单元，而对传统以（书）本、（刊）期、（论文）篇等为存在单元的知识内部及相互之间深入、本质的关联缺乏有效关注。这种知识网络建设的落后局面使出版社在与其他企业的竞争中陷入被动局面，大部分出版社沦为数字出版产业链上内容提供商的角色，在商业博弈中往往处于大型图书馆和谷歌、百度等公司的下风，无法体现出版社在知识生产和传播中的先导地位，出版社的经济利益也一再受损。所以，通过构建出版物知识网络，占据数字出版产业链的高端位置，是传统出版社参与数字出版产业竞争的必要途径。

四、出版物知识网络构建的类型和特点

出版物知识单元的层次性和出版物知识关联的复杂性决定了出版物知识网络的多样性，从不同角度可以对出版物知识网络进行分类。从知识节点的颗粒大小、不同属性和知识关联的链接方式看，目前国内由出版社主导或参与建设的出版物知识网络主要有三类：元数据知识网络、全文出版网络和知识元网络。

---

❶ Chaos. 百度疑似推出"知识图谱"功能，搜索结果百科全书化［OL］. 百道网 . 2012 - 12 - 12. http：//www. bookdao. com/article/56301/.

1. 元数据知识网络

出版物的元数据是规定出版物外在属性的附属性知识，由这些知识集合并按照一定需要建立起链接关系的知识体系即元数据知识网络。该类知识网络最早源自出版社纸质版的图书目录或期刊题录等，伴随着出版网络发行渠道的兴起而产生，在互联网上读者可以通过它方便地查阅到其中的图书信息及图书之间的外部属性联系，如书刊名、（期刊中文章）标题、作者、出版时间、学科分类、定价等；但通过这些信息还不能链接到它所指向的知识内容本身。目前大多数出版社都实现了此类知识网络的开发和利用，其中最具代表性的是中国出版集团公司于 2006 年开始建设"中国可供书目数据库"。到 2011 年，该库收入书目数据 200 多万条，覆盖了 90% 的出版社的 80% 以上的品种；实现了全国书目信息动态采集、更新、发布和服务，具备浏览与检索的全部功能，可以及时向市场传播图书产品信息，动态更新产品可供应的状态❶。元数据知识网络虽然还没有涉及出版物的知识内容，但也打破了出版物孤立、静止的存在状态，使传统出版物借助该知识网络实现了生命周期的延伸。

2. 全文知识网络

一些出版社为了实现知识内容的多渠道发布、多介质传播，以整本出版物（包含全部的知识内容及附属信息）或出版物的篇章为节点构建全文知识网络，实现了知识元数据和知识内容本身的同步网络传播。此类知识网络是目前国内出版社建设的主要形式。例如，人民交通出版社研发的"中国交通知识服务数字出版平台"，到 2012 年底已经上线本社电子书 11798 种，外购电子资源 45819 种；上线交通专业科技词典类工具书 68 种，交通标准 1584 种；共形成交通标准、工具书、史书、教材教辅等六大交通专业数据库。在功能上，可以通过关键词跨库检索、全文阅读和下载。2009 年，社会科学文献出版社正式上线销售的皮书数据库，以连续性皮书系列为基础，囊括了近 20 年间数千名研究人员的年度报告类科研成果，内容涉及经济、社会、文化、教育、金融

---

❶ 中国出版集团网站. 中国可供书目数据库［OL］. http：//www.cnpubg.com/digital/2011/1027/8908.shtm.

等100余个行业和领域；内容以篇章为基本单位；具有整合、审编、发布、管理、检索浏览、版权保护、输出流量统计、操作日志管理、计费管理等功能；库内所有篇章的文献题目、内容提要、作者名称、作者单位、关键字等基本信息都可进行在线检索，可在线阅读或下载阅读❶。该类知识网络实现了出版物内容与外部属性信息之间的关联和链接，同时也打破了传统出版物以本（册）为单元的传播方式，使知识节点细化到篇章层次。但是，构成它们知识节点的知识单元颗粒仍然太大，知识链接主要依据知识外部属性之间的关联发出，知识之间内在的本质联系还没有被挖掘出来。

3. 知识元网络

知识元网络就是以知识元为基本知识节点所构成的知识体系，其中，知识元之间的内部属性和外部属性之间的关联都是通过语义链接实现的。知识元及其语义链接，在知识网络有机构建和功能发挥中起着独特的主导作用；知识元语义链接表示的是知识之间内在属性的逻辑关联（也称为语义关联），在此基础上所构建的内容交互的逻辑知识网络，能还原知识关联的本来面目。这有益于消除信息孤岛，提升知识自由集成服务能力，是用户挖掘知识、组合知识、利用知识和创新知识的有力工具❷。可见，知识元网络对用户的知识利用和知识创新的价值超过其他的知识网络，是知识网络建设的最高层次，但也是建设难度最大的一类。目前可见的一个知识元网络是"医学知识库"。它由人民军医出版社、解放军医学图书馆联合研发的医学类专业知识网络，它抽取医学图书中的知识元并将其重组，进行结构形式上的归纳、选择、整理，以疾病为知识核心，包括疾病、药品、手术、辅助检查、循证证据、疾病研究进展、医保药品、手术图谱、临床操作规范等相关知识，并且通过这些知识之间的内在联系将其有机地结合起来❸。从知识节点及知识链接看，"医学知识库"以疾病及其相关领域的知识元为节点，主要通过库内知识超链接的方式，实现知识间

---

❶ 林丹夕. 提升产品形态 确定盈利模式——盘点出版社专业数据库［N/OL］. 新华书目报. 2013-01-10. http：//www.sinobook.com.cn/press/newsdetail.cfm?iCntno=15867.

❷ 姜永常. 知识网络链接的理论基础与基本原则［J］. 图书馆. 2012（02）：31-34.

❸ 中国知网. http：//pmmp.cnki.net/index.aspx.

的关联，知识获取的精准性和便捷性很高；但该库还是一个相对封闭的体系，库内知识元无法与外部知识进行链接；同时，其中的知识元及其链接都是预先设定的，不能根据用户需求生成新的知识元及其与其他知识间的链接。可见，"医学知识库"还是一个"入门级"的知识元网络。

如上三类知识网络分别代表了我国出版物知识网络的基础阶段、过渡阶段和目标阶段的发展水平。但是，由于这些知识网络大多以单个出版社资源为基础建设，知识网络的规模普遍较小，知识网内部的知识链接路径有限，不同的知识网络之间不能互联互通，这既不利于读者的知识利用，也无法充分实现出版物的知识价值。所以，在当下的数字化转型过程中，出版社需要以这三类知识网络为基础，继续提高知识网络的建设水平。

第三节 实现客户价值

在数字化转型过程中，能否盈利是决定数字出版业务存废的根本因素，许多出版社就因盈利模式的缺乏而在数字业务上踯躅不前。相对于传统出版来说，数字出版的一个显著变化是：以出版社为链核的产品驱动模式转向以客户为中心的需求驱动模式。在数字出版产业链中，客户居于中心地位，实现客户价值最大化成为各个企业价值创造、价值传递的共同目标。传统意义上介于作者和发行商、读者之间的出版社，如果要参与数字出版产业链的运营，就必须以客户为中心，通过客户价值最大化来实现自身盈利的最大化。

一、客户价值是数字出版的价值之源

数字时代信息技术的高速发展使社会化信息由短缺变为丰富，并很快转为过剩。在此过程中，出版传媒领域经历了由"渠道为王"到"内容为王"再向"读者（或受众）为王"的转变。就我国数字出版的现实来说，当数字技术的神秘面纱被揭开后，无论是以研发数字阅读终端见长的汉王科技，还是坐拥海量电子书资源的方正番薯网，都不能为其自身和它们的内容提供商——出版社带来应有的收益；同时，在终端用户规模庞大、付费模式健全、业务成长

迅速的手机阅读业务中，真正获得可观收入的传统出版社也寥寥无几。这说明，出版社对渠道、内容和终端的依赖不足以构建起数字出版的盈利模式，在目前的传播环境下，它们还没有成为读者阅读和消费的充要条件。这就需要出版社从过去迷醉于技术、渠道或内容等产业资源的开发和利用，转向一直被忽视的终端客户，从把握终端客户的需求和消费行为特征入手，构建数字出版的盈利模式。

美国学者迈克尔·希利认为，数字出版时代消费者的行为与前一代具有明显不同的特征。具体表现为依赖网络，通过网络社区进行交流，极少且很快转变自己的品牌忠诚度，对权威和内容可信度具有不同的态度，具有购买能力，但更习惯免费（消费模式），熟练掌握寻找目标内容的方法技巧，对图书内容的展现形式和时机具有较高要求，习惯综合文字、音频和视频于一体的混合模式，同时他们倾向吸取来自多渠道的观点——不管来自朋友、社区，还是陌生人，无论来自具有资格的群体还是新人，不管是正式渠道还是非正式渠道，他们都乐于接受❶。据此可见，数字时代的读者在消费过程中所追求的不仅仅是内容的满足，而是综合价值的最大化。出版社只有在充分满足读者多维度价值诉求的基础上，才可能吸引并留住客户，进而把客户价值转化为企业价值。

客户价值是企业在与客户交易过程中，企业提供给客户，并由客户自己判断，最终指向客户需求的价值❷。而企业价值是企业从客户那里获得的价值。像其他产业领域的经营活动一样，数字出版经营的核心是把客户价值转化为企业价值。在这一过程中，出版社和客户之间所交换的价值包括有形价值和无形价值。有形价值是在交易双方可见的图书产品、图书信息、服务和技术支持，以及客户支付的货币、会员费和服务费、订单等。无形价值则是在交易过程中产生的各种知识和信息，包括内容传播平台、论坛、社区和客户需求、客户忠诚、市场知识、读者信息、对图书和服务的反馈等。数字环境下出版社和客户之间的价值流如图 2-1 所示（其中实箭头表示有形价值，虚箭头表示无形价

---

❶ 迈克尔·希利. 混乱时代里的永恒：美国数字出版和书籍销售的近期发展趋势 [J]. 出版科学. 2011（1）：10.

❷ 张明立. 客户价值——21世纪企业竞争优势的来源 [M]. 北京：电子工业出版社. 2007：32.

值)。不难看出，主要由图书产品、信息和订单、付费构成的有形价值对双方是重要的；而那些无形价值的重要程度也不可低估，它们构成了出版社把握客户的消费特征、满足客户消费需求、增强客户忠诚度的前提，成为出版社持续盈利的基础。可见，在数字出版经营中，出版社仅仅把眼睛盯在现实可见的货币收入上是短视、狭隘的，它们需要通过为客户创造价值来实现自身价值。并且，在现实的竞争性市场上，出版社需要创造比竞争对手更多的客户价值，才能保持自身的竞争力。

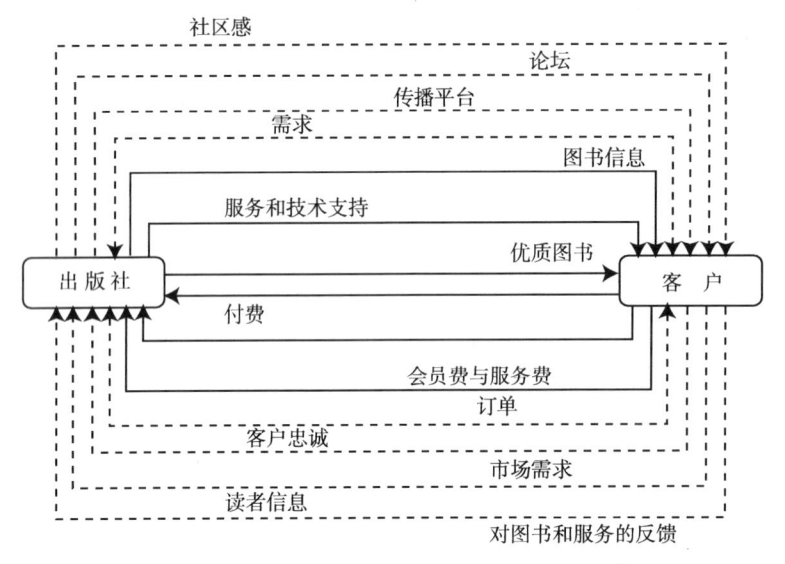

图 2-1　数字时代出版社与客户之间的价值流[1]

二、数字出版客户价值的驱动因素

出版社在为客户创造、传递和实现价值的过程中，除了关注产品的质量和价格外，还需要在深入理解客户需求及偏好的基础上通过识别、把握和有效利用客户价值的驱动系统来全面提高客户价值。根据营销学相关理论及数字出版的运作实践，我们认为数字出版客户价值的驱动系统主要由产品和服务、技

---

[1] Bill Martin, Xuemei Tian. Books, Bytes and Business [M]. Farnhanm: Ashgate, 2010: 143.

术、品牌、知识、关系等五个相互影响、相互关联的因素组成。出版社可以从这些因素入手，构建起数字出版的客户价值创造体系。

1. **产品和服务**

产品和服务是最重要的客户价值因素之一，其衡量维度有三，即质量、价格和体验性。数字出版产品或服务的质量是客户所追求的核心价值，只有质量卓越的产品和服务才能满足客户的基本需求，并为实现其他的客户价值奠定基础。价格是客户消费成本中的货币表现，是客户的负面价值。同样的产品和服务，价格越低，客户价值就越高。同时，数字出版作为体验经济的一种形式，客户在消费过程中，需要付出时间、注意力[1]、感官等多种主观因素进行体验。数字出版产品和服务作为一种客观存在，其质量、价格和体验性虽然都有一定的外在评价标准，但在高度个性化和多元化的数字出版消费中，质量和价格高低、体验性的优劣都与客户的主观因素紧密相关，完全统一的客观标准是不存在的。在此情况下，就需要出版社充分发挥数字技术可以大规模定制的优势，根据不同客户的特殊需求，迅速向客户提供个性化的产品和服务，从质量、价格和体验性三个方面来获得客户满意。

2. **技术**

数字出版技术是现代计算机、通信等多领域技术综合应用的产物，也是数字出版客户价值的一个重要驱动因素。数字出版技术是一个相当复杂的系统，包括内容资源的获取、管理、加工和产品的生成、传输，客户资源的获取、分析、管理、维护，内容的搜索、显示、加密等各方面的软硬件技术。出版社对先进技术的采用，或提高出版产品和服务的提供效率或质量，或通过降低出版成本而减低价格，或优化客户体验等，都可以为客户创造新的价值。在技术迅速发展的背景下，出版企业需要紧跟技术发展潮流，通过持续性的技术升级来保障客户价值的不断提升。自20世纪80年代起，麦格劳-希尔出版社就把教材中的重点内容或者附属的额外内容刻录在光盘中，与纸本教材捆绑销售；进入21世纪，它与技术公司合作开发教材的教学课件，供教师在教学中使用；

---

[1] 张新华. 数字出版产业的经济特质分析 [J]. 科技与出版. 2011（1）：42.

后又与远程网络软件开发公司合作，把教学课件载入到学校的网络教学环境中，继而推出电子教材、在线学习工具等；最近两年，随着移动互联技术的发展和移动阅读终端的盛行，它开发了一系列应用于苹果终端上的数字教育产品，并通过亚马逊销售数字教材。可见，麦格劳-希尔在数字教育业务方面，通过持续性、及时性的技术革新，不断开发和提供新的产品和服务，在开拓新市场的同时，也为客户创造更多、更新的价值，从而保持了在全球数字教育出版领域的领先地位。

3. 品牌

出版品牌有多个类别，如品牌作家、品牌编辑、品牌产品或服务、品牌出版社等，也是客户价值的一个重要驱动因素。从对客户的心理影响看，数字出版品牌主要包括品牌意识、品牌认同和品牌忠诚三个方面。对客户来说，品牌的名称和标识可以帮助客户理解、阅读、加工有关内容产品或服务的识别信息，简化购买决策，降低消费成本。良好的品牌形象有助于降低客户的购买风险，增强其购买欲望。以全球畅销书《哈利·波特》为例，2011年7月，其电子版网站开通，在电子版书籍还未启动销售时，到2011年10月，就吸引了上百万名"哈迷"的注册用户。国际著名专业出版集团施普林格在数字化转型中，利用自身在STM出版领域的良好声誉，在其SpringerLink平台上面向作者客户开展在线优先出版和开放存取出版业务，通过向作者收费使科技成果在第一时间发表，受到许多客户的欢迎。

4. 知识

这里的知识泛指客户和出版社相互间促使消费的经验积累，包括客户的消费经历和体验的累积，也包括出版社为客户服务经验的累积。在数字出版产品或服务的消费过程中，客户会自觉不自觉地对产品或服务、自己的消费体验过程进行价值评判和经验积累，为以后的消费决策提供借鉴。另外，出版社在提供产品和服务的过程中，通过搜集和分析客户及其构成特征、消费行为、反馈信息等，增加客户方面的消费知识，不断改善产品和服务质量，并为客户提供个性化服务，增强客户价值的创造力。施普林格在SpringerLink平台上线运行后，发现直接登录平台的客户比例很低，而来自谷歌的客户比例很高，于是就与谷歌合作，并收购 4 家网络广告公司，通过搜索引擎和广告等多种手段把客户拉到 SpringerLink 平台上，带来了销售量的大增。

5. 关系

出版社和客户之间的良好关系是驱动客户价值的重要因素，它包括信任、情感联络、转移成本三个层次。信任是客户与出版社之间关系的基石，当客户对出版社建立起某种信任后，客户就会把出版社当作可以信赖的合作者。情感联络是维系客户信任关系的有效手段，通过关心客户需求并给予其尊重，可以提升客户的忠诚度。客户与出版社的关系越亲密，他在放弃该出版社而转向其他出版社消费时，情感成本和物质成本就越高，出版社为其创造价值的动力就越足。网络技术的发展和社会化媒体的兴起，为出版社和客户之间的联系提供了日益丰富便捷的手段和渠道。

三、构建以出版社为中心的数字出版价值网

客户价值的实现不是由出版社独自完成的，而是它与客户、作者、渠道运营商、技术服务商等多方合作的结果。同时，数字出版产业的竞争已不再是单个企业之间的竞争，也不再是单一线性价值链之间的竞争，而是不同企业与其相关者所营造的价值网之间的竞争。所以，对出版社来说，为使客户价值最大化，除了营造自身的价值创造体系外，还需要联合其他企业，构建数字出版价值网。

目前，我国数字出版产业链存在一些比较突出的问题，如缺乏信任机制、利益分配机制不合理、恶性竞争频发等，在不同程度上损害了读者、作者、出版社等方面的利益，制约了我国数字出版业的健康发展。其原因除了产业发育不健全的客观因素外，还包括产业链上各企业主体间缺乏共同为客户创造价值的机制；从根本上说，是受传统线性价值链观的制约所带来的。澳大利亚学者 Bill Martin 和 Xuemei Tian 认为，价值链在知识经济价值创造的复杂性和网络型公司无形价值的角色方面缺乏解释力，在数字出版产业链和价值链的分析中，需要引进价值网模型❶。价值网是在世纪之交由 Adam Brandenburger、Barry

---

❶ Bill Martin，Xuemei Tian. Books，Bytes and Business［M］. Farnhanm：Ashgate，2010：139.

Nalebuff、Adrian Slywotzky 等一些美国学者提出一种理论，认为价值网是由产业链上利益相关者（即节点，包括顾客、供应商、竞争者和补充者四类核心组织）及其相互之间的联系所构成的网络型价值生成系统。作为一个分析工具，同时也是一种具体的产业组织形式，它打破了传统价值链的线性思维和价值活动顺序分离的机械模式，围绕顾客价值重构原有价值链，使价值链各个环节以及各不同主体按照整体价值最优的原则相互衔接、融合以及动态互动；利益主体在关注自身价值的同时，更加关注价值网络上各节点的联系，提高网络在主体之间相互作用及其对价值创造的推动作用。在以前的发展过程中，由于内容资源过于分散，渠道资源、技术资源、资本过于集中，出版社普遍实力弱小且相互之间多竞争少合作等原因，出版社大多处于数字出版价值链中的边缘地位。但是，随着数字出版产业生态的优化，如渠道增多，技术门槛降低，产业分工加剧，文化资本市场兴起，出版和传媒、电信等产业的深度融合，等等，建立以出版社为中枢的数字出版价值网是完全可能的。

按照价值网理论，数字出版价值网是由出版社与其紧密相关的四类成员间的相互关系联结成一种动态、有机的价值创造体系。这四类成员包括：（1）读者客户；（2）供应商，由作者、技术服务商等组成；（3）补充商，由渠道运营商、终端设备商等组成；（4）竞争者，由与该社业务相近的出版社组成。合理处理出版社与四者之间的关系是价值网建立和良好运行的关键，这就需要出版社从三个方面入手。第一，建立市场需求信息共享机制。价值网是以客户为基点的价值创造体系，同时也是一种需求拉动系统。客户需求既是数字出版价值网运行的起点，也是价值网运行的终点。作为价值网的中枢企业，出版社关键作用之一在于敏锐地发现显在和潜在的客户需求，并把这些需求信息及时、准确地传递给技术服务商、设备供应商、电信运营商等，使得价值网络里的每个参与者都能够贴近市场，并对市场状况及其变化迅速做出响应。第二，与各方建立以紧密合作为基础的共赢关系。在价值网模式下，数字出版的各方参与者之间是一种利益共享关系。单个成员公司要在价值网上获得发展，必须获得环境的支持及相关参与方的认同和协作；它的行为与选择会影响网络内其他主体的行为与选择。各成员在关注自身价值形成的同时，也需要关注价值网上各节点的联系,提高网络在主体之间交互作用对价值创造的推动作用。因此,致力于价值网边界的扩大,实现价值总量的增加,是数字出版价值网各方谋求自身价值增长而又不损及他方的最优策略。在此基础上,出版社可与各方建立起共赢关系。第三,提高各方核心能力,加强网络协同效应。过去,出版界通常将出版社独特的内容资源、电信企业的渠道资源、技术公司的专门服务等看作各企业的核心竞争优势和获得垄断性利润的来源;对数字出版价值网来说,企业间的资源与能力的互补性是其存在和发展的重要基础,而网络资源的独特性和网络的不可模仿性是价值网的核心竞争优势。所以,提升、优化价值网成员公司的核心能力,可以发挥成员之间的协同效应,最有效地实现客户价值,并给竞争对手增加竞争难度。

通过如上分析,我们认为:在开展数字出版业务时,出版社需要改变传统出版的经营模式,联合产业链上的不同参与主体,建立以客户为出发点、以出版社为中心的数字出版产业价值网,通过多种因素驱动价值客户价值的最大化,从而在实现盈利的同时提高企业竞争力。

中 篇
国外数字出版产业实践

第三章 转型中的全球出版业概况

图书出版业作为人类最古老的传媒行业之一,目前正遭受着有史以来最严峻的挑战和冲击。在众多的挑战和冲击中,最重要的因素有两个:一是自20世纪30年代中期以来最严重的金融危机,2008年率先在美国爆发后迅速蔓延至全球,到2011年仍无探底迹象;二是20世纪70年代兴起的数字化浪潮,它不仅全面改写了出版业所赖以生存的技术和经济基础,还动摇了社会成员阅读并获取知识的习惯和方式。本章主要通过数据从全球产业发展的角度对图书出版业进行全景式的概述,主要采用Datamonitor的数据,在地域上主要包括北美、欧洲、亚洲等。

第一节 2005～2009年发展状况

一、市场规模萎缩、产业下滑明显

在2005～2009年,全球出版业[1]的市场总值从2196亿美元增长到2351亿美元,年均增长1.7%。受全球性金融危机的影响,整个产业在2008和2009两个年度的增长幅度明显下滑,增长率由2007年的2.2%下降到1.5%,如表3-1所示。

---

[1] 这里及下文表中所涉及的"全球出版业"在地域上的界定与Datamonitor plc发布的INDUSTRY PROFILE Global Publishing (2010) 一致,包括北美(加拿大、美国和墨西哥)、南美(阿根廷、巴西、智利、哥伦比亚、Venezuela.)、东欧(Czech Republic, Hungary, Poland, Romania, Russia, and Ukraine.)、西欧(Belgium, Denmark, France, Germany, Italy, the Netherlands, Norway, Spain, Sweden, and the United Kingdom)、亚太(Australia, China, India, Japan, Singapore, South Korea, and Taiwan)等地区的主要国家。

表3-1　2005~2009年全球出版业市场价值　　　单位：亿美元，%

年份	市场总价值	比上一年增长率
2005	2196	
2006	2232	1.6
2007	2281	2.2
2008	2317	1.5
2009（e）	2351	1.5
平均增长率（2005~2009）		1.7

资料来源：Datamonitor plc，"Industry profile：Global Publishing 2010"。

图书出版业是出版业中最大的组成部分，到2009年全球市场总值达到约983亿美元，占出版业市场规模的41.8%。根据《2009年世界图书出版产业》数据，目前全球图书出版市场规模最大的六个国家分别是美、中、日、德、法、英，他们总的市场价值占全球的80%以上，其发展趋势可以代表全球图书出版业的基本走向。整体来看，2005~2009年，六国图书出版业市场总值的年平均增长率为-0.11%，呈现出明显的萎缩之势。从表3-2可以看出，图书出版业的发展在2008年发生了逆转，由2007年前的稳定增长转而连续两年的大幅度下跌，六国的图书出版业的市场总规模由2005年的742.80亿美元减少到2009年的739.41亿美元。

表3-2　2005~2009年六国图书市场状况　　　单位：亿美元，%

国别 年份	美国 总值	美国 增长率	中国 总值	中国 增长率	日本 总值	日本 增长率	德国 总值	德国 增长率	法国 总值	法国 增长率	英国 总值	英国 增长率	六国总量 总值	六国总量 增长率
2005	344.84		85.5		121.76		85.57		62		43.13		742.80	
2006	343.13	-0.5	95.26	11.4	116.78	-4.1	89.45	4.5	64.29	3.7	44.76	3.8	753.67	1.46
2007	344.44	0.4	105	10.2	117.23	0.4	90.68	1.4	64.54	0.4	45.37	1.4	767.26	1.80
2008	339.01	-1.6	105.5	0.5	111	-1.6	85.46	-5.7	60.91	-5.6	44.13	-2.7	746.01	-2.77
2009	334.03	-1.5	112.3	6.4	105.47	-1.5	83.93	-1.8	59.68	-2	44	-0.3	739.41	-0.88
年均		-0.78		7.84		-3.34		-0.48		-0.94		0.50		-0.11

资料来源：Barnes reports，"2009 Worldwide Book Publishing Industry"。

二、地区发展不平衡，美欧居主导地位

在地域上，全球图书出版业分布很不平衡，主要集中在欧洲、北美和亚太地区。根据 Datamonitor plc 的报告，在 2009 年的全球图书出版市场中，欧洲占 45%，美国占 26.6%，人口和土地面积最大的亚太地区占 22.8%；而南美洲的份额在 5% 以下，非洲由于长期遭受殖民统治，经济和文化发展落后，不少国家的民族出版业直到 20 世纪 70 年代之后才开始逐渐兴起，整体尚处于起步阶段，在全球图书出版产业中所占的份额更低，详见表 3-3。

表 3-3　2009 年全球图书出版业地区分布　　　单位：亿美元,%

	总值	份额
欧　洲	442.35	45
美　国	261.48	26.6
亚　太	224.12	22.8
其他地区	55.05	5.6
全球总量	983.00	100.0

资料来源：Datamonitor plc, "Industry profile: Books in the United States 2010".

从国际角度看，美欧国家多年来一直居世界图书出版业前列。美国在图书出版业中处于绝对的领先地位，2009 年独占全球 26.6% 的市场份额，德、法、英等西欧国家随后，他们共同占有全球图书出版业 70% 以上的市场份额，同时还控制着全球绝大多数最具影响力的出版集团。2010 年全球销售收入量最大的 10 家出版集团都属于欧美国家。亚太地区的日本也是出版业高度发达的国家之一，尽管在进入 21 世纪后，其图书出版业陷入长期持续的衰退之中，但 2009 年的销售收入仍居全球第三。2009 年，中国的图书出版的销售收入已跃居全球第二位，但只有 1 家出版公司位居全球出版业 50 强的排名榜上（高等教育出版社，2009 年和 2010 年的排名分别是第 39 位和 40 位），这说明中国图书出版业大而不强，虽属于全球第二大市场，但仍缺乏具有全球竞争力的出版企业。

表3-4 全球十大出版公司的市场份额（2010年）　　　单位：亿美元

序号	公司名称	所属国家	总收入
1	培生集团	英国	80.9514
2	励德·爱思唯尔	英/荷/美	71.4712
3	汤姆森路透	加拿大	56.37
4	威科集团	荷兰	47.1881
5	贝塔斯曼集团	德国	34.4432
6	阿歇特集团	法国	28.7296
7	麦格劳-希尔教育出版公司	美国	24.33
8	行星集团	西班牙	24.2708
9	圣智学习出版公司	加拿大/美国	20.07
10	学士公司	美国	19.12

资料来源：《2010年全球出版业五十强》，《出版商周刊》2011年7月1日。

三、新兴经济体发展势头良好

2005~2009年，与大多数西方发达国家出版业衰退的趋势相比，以"金砖四国"为代表的新兴经济体出版产业的发展势头良好，产业收入都有相当程度的提高。四国中产业规模最大的是中国，增长速度也比较稳健，六年的年均增长率为7.14%。俄罗斯的出版产业规模虽不及中国，但整体发展速度更快，年均增长率达9.51%。印度的出版产业增长也比较稳健、高速，年均增速达6.9%。巴西表现稍逊，增速较小，甚至在2008年出现了负增长，但出版业整体收入水平的增速远高于发达国家。

表3-5 2005~2009年金砖四国出版产业收入状况　　单位：亿美元,%

国别 年份	中国 总值	中国 增长率	俄罗斯 总值	俄罗斯 增长率	印度 总值	印度 增长率	巴西 总值	巴西 增长率	四国总量 总值	四国总量 增长率
2005	85.50		30.48		24.88		34.35		175.21	
2006	95.26	11.40	37.43	22.80	28.28	13.60	35.78	4.20	196.75	12.29

续表

国别 年份	中国 总值	中国 增长率	俄罗斯 总值	俄罗斯 增长率	印度 总值	印度 增长率	巴西 总值	巴西 增长率	四国总量 总值	四国总量 增长率
2007	105.00	10.20	39.78	6.30	30.33	7.30	36.98	3.30	212.09	7.80
2008	105.50	0.50	39.85	0.20	30.45	0.40	35.70	-3.50	211.50	-0.28
2009	112.30	6.40	43.34	8.80	32.36	6.30	37.32	4.50	225.32	6.53
年均		7.84		10.55		7.52		2.16		7.15

资料来源：Barnes report, "2009 World Book Publishing Industry".

从四个国家的整体情况看，金砖四国的出版产业总收入从2005年的175.21亿美元增长到2009年的225.32亿美元，增幅为28.60%；而同期，西方五国（美、日、德、法、英）的出版总收入从2008年开始出现下降之势，由2005年的657.30亿美元下降到627.11亿美元，总增长率为-4.59%。在此长彼落之际，两类经济体之间出版产业实力的对比发生了显著变化，2005年西方五国的出版业总收入是金砖四国的3.75倍，但到2009年，该数字已下降到2.78倍，具体见表3-6。这一变化表明了全球出版产业地区格局的重大变化趋势，发达国家在全球出版业的主导地位在动摇，而新兴经济体国家在推动全球出版业发展中发挥着越来越重要的作用。

表3-6　2005～2009年金砖四国和西方五国出版业收入对比　　单位：亿美元,%

	金砖四国 总值	金砖四国 比上年增长率	西方五国 总值	西方五国 比上年增长率
2005	175.21		657.3	
2006	196.75	12.29	658.41	0.17
2007	212.09	7.8	662.26	0.58
2008	211.5	-0.28	640.51	-3.28
2009	225.32	6.53	627.11	-2.09
五年增长率		7.15		-1.15

资料来源：Barnes report, "2009 World Book Publishing Industry".

第二节 2010～2011年主要发展趋势

一、纸质图书销量继续下跌

2010年，欧美等发达国家的出版业尚未从经济危机的影响中完全复苏，政府、学校和图书馆缩减购书预算，消费者的购书愿望降低，图书出版商的出书行为更加谨慎、成本控制更加严格。在此背景下，全球主要国家的图书销售继续下跌。尼尔森的数据显示，2010年英国图书总销售额约为16.9亿英镑，比2009年下跌了3.2%，这意味着英国出版业回归到了2006年的水平。美国大众类图书销售额下滑了4.4%，为7.02亿美元。德国2010年图书销售额和2009年相比下滑3.3%；而12月圣诞季的销售额和2009年相比更是下滑了6%。在法国，从2010年1月到10月，图书销售额也下滑了1.5%。在亚洲，日本2010年书籍、杂志的销售总额估计为1兆8748亿日元，与2009年相比减少608亿日元，下降幅度达3.1%。没有迹象显示何时才能止住这种连年低迷的颓势。韩国方面，无论是图书销售还是新书品种都比2009年有所减少。

二、大型出版集团经营状况转好

在经历了三年的全球经济衰退影响之后，世界最大的几大出版商重新开始了增长的势头。根据2010年全球出版业表现年度排名，2010年全球出版业的总收入已经超过了2008年和2009年的销售收入水平。前十大出版商的销售额达到了310亿欧元（270亿英镑），而2008年和2009年这两年的销售额都低于2007年293亿欧元的数字，同时，前二十大出版商的销售额达到420亿欧元，第一次打破了2007年创造的400亿欧元的关口。

从市场份额上看，大型出版集团地位稳定。在英国，阿歇特、哈珀·柯林斯、兰登书屋和企鹅依旧占据着大众图书领域的主导地位。而在美国，五大巨头所占的市场份额就超过了50%。同样，在教育出版方面，也有一些出版商占主导地位，如培生、麦格劳-希尔。在STM和专业出版方面，励德·爱思唯尔和汤姆森是领头羊。在德国，排名前五位的出版社全都是大出版集团下的出版社。对于这些出版巨头来说，2010年关注的重点，是海外新兴市场和数字化业务。培生集团的国际教育业务表现良好，牛津、剑桥等大型出版商近85%的收益都来自海外市场。同时，这些巨头在印度等新兴市场设立办事处。数字化是各大巨头业务拓展的重点。兰登书屋表示，2010年电子书销售增长了800%，而且在2011年还会继续增长。

三、数字化转型加剧

在经济危机和信息革命等重重挑战之下，2010年全球图书出版业的数字化步伐明显加快。这表现在以下五个方面：一是国际大型出版企业数字化进程提速。在大众出版领域，电子书正被越来越多的读者接受，2011年上半年企鹅集团电子书销售额增长超过了130%，收入已占到其全球总收入的14%；阿歇特在美国的电子书收入比重达23%，哈珀·柯林斯在美国的电子书收入也占到了19%，西蒙舒斯特电子书收入达到其全球收入的17%；在教育出版领域，数字技术正快速推进教育的个性化和开放化，数字教材成为新的热点，教育出版商正在向教育解决方案服务商转型，多年来稳居全球前三位的培生集团就是其中的代表。另外像麦格劳–希尔教育出版集团，已基本实现全流程数字化，向大学师生推出全数字化、适应性的在线学习资源和考试解决方案；在专业出版领域，数字出版更是充当了主力军。在2010年的全球出版业年度排名前十位的企业中，专业出版的总收入占到了43%，明显高于教育出版和大众出版，而专业出版的增长则主要是靠数字出版。如爱思唯尔集团的数字化收入超过80%。二是数字化发行渠道发展。伴随着纸质书销售量的下降，全球传统的发行渠道也继续萎缩，向网络渠道转型。在英国，第三大售书连锁公司鲍德斯在2009年11月的破产仍影响着图书行业。2010年末，HMV连锁唱片店宣布关闭60家店面，其中包括英国最大图书商瓦特斯通的20家门店；2011年初，美国第二大连锁书店鲍德斯继英国之后宣布申请破产保护。在全球范围内传统书店纷纷倒闭的同时，一些书店依靠数字产品销售平台实现持续发展。美国第一大连锁书店巴诺即如此，依靠数字化战略顽强地实现了转型、跨越和发展。原本借助网络起家的美国亚马逊公司的数字化业务进一步发展，2011年5月19日，它宣布其电子书的销售已经全面超过了包括精装版和平装版在内的所有类型印刷书的总和；在韩国，两大网络书店在2010年的增幅分别达到12%和20%。三是新型阅读终端迅速推广，移动互联技术和云计算技术成为数字出版的重要推动力。专用电子阅读器的技术不断成熟，使各类阅读终端销量不断增长。特别是以苹果公司 iPad 为代表的平板电脑的覆盖面不断扩大，电子杂志和电子书成为重要阅读内容。以 iPhone 为代表的智能手机正迅速普及，成为快速成长的大众阅读平台。另外，一些大型公司纷纷推出出版云服务，这将在阅读的便利性和对象化服务方面实现更大的跨越。四是新的数字出版商业模式不断涌现。随着数字内容的不断丰富和传播平台的开发，新的出版盈利模式不断出现，如由传统出版商主导定价和分成的代理制销售模式，电子书的订阅式获取模式、微支付模式、按需印刷模式等。与此同时，产业价值链的转变推动了新业态和服务模式的发展，如各种自助出版模式，开放式电子书制作平台，专门的数字内容营销公司等。在美国，包括自助出版在内的非传统出版的图书品种数去年首次超过了传统出版。再有，随着平板电脑和智能手机的普及，加入了交互性、富媒体元素的增强型电子书，开始大量进入市场，成为出版向媒体拓展跨越的重要商业形态。五是超级公司在数字出版领域展开激烈竞争，其服务开始向产业链上下游延伸，既推动了数字出版，也挑战着传统内容出版企业。其中最具代表性的是谷歌、苹果和亚马逊，他们在数字出版领域不断推出新的产品和服务，使数字出版在全球的竞争日趋激烈。

第三节　主要出版集团经营状况

一、培生集团

培生集团总部设在英国，在全球超过 70 个国家和地区拥有分支机构，2010 年拥有员工 3.6 万名。集团旗下包括全球最大的教育出版集团、金融时报集团（FT Group）和企鹅出版集团（Penguin Group），主要业务集中在教育出版、教育培训、商务信息管理、互联网等方面；其中，教育出版业务在集团总业务中占据最重要的地位。在 2010 年全球出版业 50 强排行榜上，培生集团以 80.95 亿美元的总收入稳居第一名。

1. **业务范围和经营业绩**

金融危机对全球出版业造成了巨大冲击，但培生集团仍保持着迅猛的发展势头。2010 年集团总销售达到 56.63 亿英镑，较 2009 年增长 10.17%，超出 2009 年的 6.83% 的增长率 3.3 个百分点，继续占据全球出版业排行榜第一的位置。

表 3-7　2008～2010 年培生集团销售情况　　　单位：亿英镑

年份	2008	2009	2010
销售收入	48.11	51.40	56.63
营业利润	6.76	6.19	7.43
税前利润	5.85	5.23	6.70

资料来源：2005～2010 Pearson Annual Report and Accounts.

培生教育出版集团是培生集团的核心业务，也是增长速度最快的部门。2010 年业务收入 42.07 亿英镑，占集团总收入的 74%。北美市场是教育出版业务的重要阵地，2010 年北美市场 26.4 亿英镑占教育出版业务总收入的 62.7%，较 2009 年实现了 7% 的增长，调整利润继续保持 16% 增长。教育出版在美国的学校和学院出版销售收入增长率达 7.7%，较 2009 年 5.2% 上升 2.5%，上升速度不断加快。教育集团通过 eCollege、PowerSchool、the MyLabs、Edustructures 等数字出版形式提供教育技术服务，逐渐使数字出版业务成为其教育业务发展战略的核心。

企鹅集团每年大概出版 4000 种小说和非小说作品，通过纸质出版、电子出版和有声出版等形式提供给读者，在全球大众图书出版市场占据着重要地位，近年来保持着较为稳定的发展状况，2010 年较 2009 年实现了 5% 的业绩增长，总收入达到 10.53 亿英镑，占培生集团总收入的 19%。2010 年企鹅集团注重发展电子书业务，打造全方位的数字化平台推动数字出版业务发展，

eBook 销售较 2009 年增长 182%，已经占到集团年销售收益的 6%。集团出版的 Kathryn Stockett's The Help，在纽约时报销售排行榜上 2010 年占据榜首位置，截至年底销售量已超过 300 万册。2010 年，企鹅集团的童书出版在美国也取得了巨大的成绩，一共有 39 种图书雄踞纽约时报畅销图书排行榜。

表 3-8　2008～2010 年培生集团各分集团销售情况　　单位：亿英镑

项目	销售收入			调整后利润		
分集团	2008	2009	2010	2008	2009	2010
培生教育出版集团	31.12	37.80	42.07	4.74	5.87	6.91
金融时报集团	3.98	3.58	4.03	0.74	0.39	0.60
企鹅出版集团	9.03	10.02	10.53	0.93	0.84	1.06

资料来源：2005～2010 Pearson Annual Report and Accounts.

金融时报集团是世界财经新闻和分析方面的权威，近年来业务状况有所起伏，主要是受到全球经济衰退的影响，广告收入减少，2009 年集团开始进行业务转型，大力发展数字化出版业务，通过数据定制和内容服务业务的顺利开展，2010 年集团实现了业务新的增长，收入达 4.03 亿英镑，止住了下滑趋势，超过了 2008 年的 3.98 亿英镑，相对于 2009 年的 3.58 亿的业绩增长达到 12.6%，成功实现了业务架构调整和发展方向转型。

2. 经营策略

培生集团良好的业绩表现来源于其正确而有效的战略规划。近年来，培生集团主要制订和实施了五项战略，并取得良好效果。长期致力于原创内容的投资、数字和服务业务、国际扩张和高效的运作：

（1）加大原创内容的投资。在过去五年内，集团在原创内容方面投资共计 23 亿英镑，主要用于教育程序、企鹅的作者、金融时报的记者团队等方面，从而保证产品和服务的质量与效率，有助于占据市场份额。

（2）数字化转型。集团将内容资源通过数字化技术提供服务，使内容更有用、更个性化、更有价值。集团数字业务在 2009 年的收入达到 17 亿英镑，超过五年前数字业务收入的 2 倍之多。

（3）加快全球范围的扩张。培生集团除了保持在欧美的核心地位外，同样重视在亚洲、非洲以及拉丁美洲这些新兴以及成长速度较快的市场投资。

表3-9 2010年培生集团在世界各地区销售情况   单位：亿英镑，%

收入\地区	北美	欧洲	亚太地区	其他地区	合计
销售收入	35.89	12.05	5.77	2.92	56.63
销售占比	64	21	10	5	100
调整后运营利润	6.16	1.30	0.61	0.50	8.57
利润占比	72	15	7	6	100

资料来源：2005~2010 Pearson Annual Report and Accounts.

培生集团非常注重中国出版市场的开拓，2010年11月3日同中国新闻出版总署在北京签署双方合作谅解备忘录，共同推动中国出版企业与培生集团的战略合作，双方将合作开展中英双语翻译人员培训项目，共同打造一支高素质、专业化的中译外人才队伍。双方还将合作举办各种培训和研讨活动，交流经验，研讨全球出版业的发展与未来。

（4）提高运作效率。通过加强各项业务之间的相关性以及协作性，培生集团有效地降低了运营成本。集团的目标是把公司建设成为员工最期望来工作的地方，因此集团内部非常注重人力资源管理，具体措施有：帮助员工提高生活水平，并通过学习，不断提高智力和丰富精神生活；采用全面薪酬的理念，薪酬元素包括基本工资、年度奖励、奖金份额分配、长期激励，对目标完成者给予有竞争力的薪酬，对业绩优秀者给予特殊奖励；保留住有创造性的管理人员，并不断吸纳这类人才，努力将集团打造成为一个富于创新、勇于进取、形象良好的团队。

（5）采用并购战略，加强核心竞争力。2008年，培生集团收购总额达到3.94亿英镑，其中包括：金融时报集团以0.66亿美元并购在线新闻提供商MM公司、培生教育北美区以6.35亿美元收购Harcourt公司、Interactive Data以1900万欧元收购KFDS公司、2600万美元收购NDF公司79%权益。2009年并购金额达到2.01亿英镑，其中包括：以1.45亿美元收购凯雷旗下华尔街英语（WSE）公司以及MML公司南非出版业务。通过一系列的收购，培生集

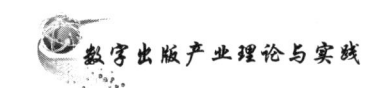

团巩固了其在北美地区教育出版领域的核心地位，同时又扩大了其在教育培训的市场份额，为实现在教育业务方面迅速而稳定的增长上打下了良好的基础。

二、励德·爱思唯尔集团

励德·爱思唯尔（Reed Elsevier）集团成立于1993年，自2008年以来，销售总收入一直在全球出版业排行榜上占据第二位。它是全球范围领先的专业信息供应商，涵盖科技、医疗、风险评估、法律以及商业等领域，产品包括数据库、杂志、书籍、光盘以及会展。集团由英国励德国际公司（Reed International PLC）和荷兰爱思唯尔公司（Elsevier NV）合并组成，并投资设立了励德·爱思唯尔出版集团（Reed Elsevier GroupPLC）和爱思唯尔·励德金融集团（Elsevier ReedFinance BV）两家公司，其中励德·爱思唯尔出版集团在英国注册，负责集团内所有图书出版和线上资料库等业务。集团在全球200多个城市设有办事处，现有员工36500多人。

1. 业务范围和经营业绩

励德·爱思唯尔集团的业务划分成四个部分：爱思唯尔（Elsevier）、律商联讯（LexisNexis）、里展（Reed exhibitions）、锐德商讯（Reed Business Information）。它们分别在科技和医学、法律、风险管理以及商业四个核心领域为专业人士提供资讯以及信息解决方案。集团近年来业绩保持良好的增长势头，收入从2005年的42.65亿英镑增长到2009年的60.71亿英镑；2010年由于锐德商讯业绩的较大幅度下滑，导致集团总体收入下滑到60.55亿英镑。

表3-10　2005～2010年励德·爱思唯尔集团各分公司收入状况　　单位：亿英镑

年份 名称	2005	2006	2007	2008	2009	2010
爱思唯尔	14.36	15.21	15.7	17.00	19.85	20.26
律商联讯	14.66	15.70	15.94	19.40	25.57	26.18
里　展	4.71	5.22	5.77	7.07	6.38	6.93
锐德商讯	8.92	8.96	9.06	9.87	8.91	7.18
总收入	42.65	45.09	45.84	53.34	60.71	60.55

资料来源："Reed Elsevier Annual Reports and Financial Statements 2005-2010"。

锐德商讯致力于为各行各业提供相关权威信息及在线数据服务、领先的工具以及市场解决方案；提供超过200个在线社区及工作网站服务，出版多种在相关领域占有领导地位的超过200种重要商业杂志。锐德商讯近年来在线数据服务有着良好的表现，一度为公司的发展贡献了重要的力量，2008年以来公司业绩下滑主要是受全球经济低迷的影响，全球范围内广告市场不景气，而广告收入又是锐德商讯的主要收入来源，2009年占总收入47%的广告市场收入下降了29%，尽管2010年锐德商讯又重组和调整了公司业务以应对经济衰退造成的影响，但由于受国际经济环境的影响，调整后的效果并不理想。

律商联讯是全球领先的法律法规、税务以及商业咨询服务提供商，也是集团的业务核心所在，在世界范围内，律商联讯的服务已经成为收集信息和为律师提供准确到位搜索的不可替代的重要办公工具，拥有50亿个可查文件，20000个数据库，32000多个法律及商业信息来源，500强企业和全球最大的100家律师事务所中97%是它的客户。近年来，律商联讯保持着迅猛的发展势头，2010年公司业绩占据集团总收入的43%，达到26.18亿英镑，较2009年增长2%。

里展是世界领先的会展服务公司，它提供了包括各类贸易及消费品展览、研讨会和论坛在内的44个行业，辐射到36个国家的多达450个会展服务。由于2008年全球金融危机带来全球经济低迷，2009年里展公司的业绩受到较大影响，业绩从2008年的7.07亿英镑降到6.38亿英镑，2010年全球经济有所恢复，参展商数较2009年总体增长4%，而同时在全球又新承担35个重大会展服务（包括亚洲14个），将约600万重要的参会人员聚集一堂，为客户产生了数十亿美元的价值，公司的业绩也达到6.93亿英镑，较2009年增长9%，增幅位于四个公司之首。

表3-11 2010年励德·爱思唯尔集团各公司业绩占比以及增长状况　　单位：%

公司 项目	爱思唯尔	律商联讯	里展	锐德商讯
业绩占比	34	43	11	12
较2009年增幅	2	2	9	-19

资料来源："2010 Reed Elsevier Annual Reports and Financial Statements".

爱思唯尔是全球领先的科学信息和医学科技内容提供商，服务于世界各地超过 1100 万个科研工作者，除了提供世界级水平的资讯，还提供具有创新性的流程工具，使用户可以做出重要决策，提升产品及成果。其产品和服务包括期刊、专著、教科书和参考书的印刷版和在线版，涵盖了健康、生命、物理和社会科学。该部门有两大业务：The Science&Technology（科学技术）和 The Health Science（健康科学）。该公司的两个分部在业绩上均表现良好，保持着稳定的增长势头，科技部分主要得益于 ScienceDirect 订阅量的增加，而 ScienceDirect 的在线使用已连续三年增长 20%。其他数据库以及电子图书也都增长迅速。医学分部的增长主要得益于医学的在线订阅以及医疗保健业务，尤其是日渐增长的线上资源的需求。

2. 经营策略

励德·爱思唯尔集团的成功主要源于其坚持不懈的全球化和数字化战略，正是由于其数字出版和信息内容业务的不断成长以及全球市场的不断开拓保证了其在恶劣的经济环境中持续稳定的发展。在此大的发展战略下，尤其重要的有两点：一是个性化的客户服务。集团的盈利模式主要是围绕一系列的在线数字组合产品进行的，运用数字出版技术使海量的内容及时传递到终端，提供针对个人和情境的各种解决方案，目前基于数字化科技期刊的在线出版平台，正在成为现代研究人员获取文献的主要途径。二是注重加强企业核心竞争力。集团不断引入最先进的科技成果，不断优化资源配置和业务流程，改善业务结构，通过兼并和收购扩大经营规模，强化其在专业领域的核心地位，使其最终成为一个权威的而又充满巨大潜力的数字出版机构。

三、威科集团

威科集团（Wolters Kluwer）自 2008 年以来连续三年在全球出版业 50 强排行榜上稳居第四位，是全球领先的专业信息服务和出版集团。集团总部设在荷兰，在全球拥有约 19300 名员工，业务范围遍及欧洲、北美、亚太和拉丁美洲的 40 个国家，旗下拥有 CCH 专业信息出版公司、全球最大的医药生物电子信息平台 Ovid、世界第二大医学出版社 Lippincott Williams & Wilkins（LWW）

等世界知名品牌，主要业务是为医疗卫生、税务、财务、金融服务、法律和法规等相关领域的专业人士提供行业信息和业务解决方案。集团股票在阿姆斯特丹泛欧证券交易所挂牌交易，同时也是荷兰 AEX 指数和欧洲 100 指数的成分股。

1. 主要业务和经营业绩

近年来，威科集团的经营业绩基本上保持稳定增长，没有明显的波动性下滑。2010 年公司有机增长趋势进一步改善，较 2009 年 34.25 亿欧元的收入增长 3.82%，达到 35.56 亿欧元。

表 3-12　2006～2010 年威科集团业绩统计表　　　单位：亿欧元，%

年份	2006	2007	2008	2009	2010
总收入	33.77	34.13	33.74	34.25	35.56
比上一年增长率		1.07	-1.14	1.51	3.82

资料来源：Wolters Kluwer Annual Report 2006-2010.

数字产品收入占总收入的 54%（2009 年同期这一数字为 52%）；普通 EBITA（息税摊销前收益）增长 7%；利润率提高 50 个基点，达到 20.4%；摊薄后普通股每股盈利增长至 1.48 欧元（2009 年同期这一数字为 1.45 欧元）；自由现金流加速增长 5%，达到 4.45 亿欧元。

威科集团的业务范围主要分为四大板块：医疗信息及制药解决方案业务、企业及金融服务业务、税收会计及法律业务、法律税收及法规业务；所服务的对象大多是相应领域的专业人士，其中，29% 为会计师；23% 为公司；21% 为律师；17% 为银行和金融机构。在四块业务中，法律法规业务占总收入的比例最高，2010 年占集团收入的 42.5%。

表 3-13　2010 年威科集团各业务板块收入　　　单位：亿欧元，%

业务板块	医疗信息及制药解决方案	企业及金融服务	税收会计及法律	法律税收及法规	总收入
收入	8.16	3.07	9.22	15.11	35.56
所占比例	22.95	8.63	25.93	42.49	100.00

资料来源：2010 Wolters Kluwer Annual Report.

自 2008 年金融危机后，全球经济开始衰退，出版业也受到不同程度的影响，客户消费逐渐转向数字产品和在线服务，印刷品消费需求降低，在 2010 年威科集团印刷品订购下降了 9%，但是由于集团加大了数字产品和服务的开发力度，电子刊物和服务的订购在 2010 年增长了 7%，同时在线产品、软件和其他相关服务收入接近总收入的 70%，在未来的业务发展上，威科集团提早实现了业务形式的转型，在今后的生产经营中更能适应客户的需求、市场的发展。

2. 经营策略

威科集团出色的业务表现源于其发展战略的正确制定以及对整个市场需求敏锐而准确的把握，具体的策略主要有两点：（1）加强企业的核心竞争力。集团将其所经营的产品和服务分为四类，即静态内容（Static Content）、动态内容（Dynamic Content）、迅捷工具（Smart Tools）和定制解决方案（End-to-End Solutions），其所有产品都可以归入这四种产品中。结合当前传媒业发展现状和趋势，威科制订了一个发展秩序，即优先发展成长率和利润增长率高的定制解决方案类产品，然后依次为迅捷工具类、动态内容类产品，最后是静态内容类产品。这无疑有利于威科集团改善企业业务组成构成，增强盈利能力。（2）产品创新。威科集团通过持续的产品创新实现业务的多样化，每年都有大量的新产品和新服务投放市场，这些新产品和服务为其赢得了数以万计的新客户。自 2005 年以来，威科一直致力于将公司业务尽可能从纸质产品转为在线信息工具，这既可大幅降低成本，同时也能降低客户对环境的影响。2010 年，威科集团 54% 的收入来自于在线产品。另外，为可通过为专业人士提供植入可持续发展理念的产品，帮助专业人士做出可持续发展选择。

3. 未来发展战略

2009 年 11 月 4 日，威科集团公布了 2010～2012 年发展战略："使客户价值最大化"。这一着眼未来的战略规划以威科集团的成功转型为依托，旨在充分利用威科集团全球领先的市场地位，实现客户及利益关联方的价值最大化。其发展目标如表 3-14 所示。

表 3-14　2010~2012 年中期发展方针

关键绩效指标	2010~2012 年中期发展方针
业务构成	在线和软件收入实现两位数增长
	在线、软件和服务收入不低于总收入的 75%
	订阅和其他非循环收入不低于总收入的 75%
	印刷品收入不高于总收入的 25%
一般性 EBITA 收益	总体符合当前经济状况下的近期水平
	此后持续增加
每股稀释一般性收益	按不变汇率计算，高于当前经济条件下的水平
自由现金流	按不变汇率计算，中期内每年不低于 4 亿欧元
资本回报率（税后）	中期内不低于 8%

资料来源：2010 Wolters Kluwer Annual Report.

威科集团将围绕以下三个战略重点实现这一目标：（1）在使用环节实现增值。威科将帮助客户管理复杂的事务，实现具体成果。威科集团的价值源于嵌入在工具和解决方案中的优质专有信息，并通过智能化的解决方案和网络帮助专业人士实现流程自动化、管理复杂的决策和事务，从而进一步实现价值延伸。(2) 整合所有进程、客户和网络扩展解决方案。跟踪专业客户的交易流程，为各项关键项目交付解决方案。威科集团将致力于提供智能化解决方案和协作化网络，通过将其与相关的客户、政府机关和其他利益关联方的互联，进而帮助客户高效地实现工作目标。（3）整合全球领先业务，推进创新，提高效率。威科集团结合其强大的全球市场地位，将各业务部、运营部以及新成立的四个全球部门（法律法规、财税会计、医疗健康和制药解决方案以及金融与合规性服务）进行全面调整。此项改革可实现技术平台、全球产品和普通商业模式的共享，从而推进创新，进一步提高效率。

四、麦格劳-希尔集团

麦格劳-希尔集团（McGraw-Hill）始建于 19 世纪中叶，总部设在美国纽约，在全世界 40 多个国家设有 280 多处办事机构，2010 年集团员工共有

20755人。麦格劳-希尔教育出版（McGraw-Hill Education）是集团旗下品牌，同时也是集团业务的重要组成部分。在2010年全球出版业50强排行榜上，麦格劳-希尔教育公司以24.33亿美元的总收入稳居第七名，这一位置自2006年以来不曾改变。

麦格劳-希尔教育业务领域主要包括学校教育集团（SEG）（针对中小学市场）和高等教育专业国际集团（HPI）（主要针对高等教育群体、专业化需求群体、国际市场以及成人教育市场），在全球33个国家设有办事处，年平均出版新书2000多种，提供65种语言的教学资料，在教育出版方面保持着国际领先地位。

1. 业务范围和经营业绩

麦格劳-希尔教育的业务范围包括从早期教育到职业发展的整个终生学习过程。无论在中小学教材、经管、金融、心理学等学术专著领域，还是在大众畅销书方面，麦格劳-希尔出版的产品规模和销售情况都名列前茅。该集团虽然教育市场71%集中在北美地区，但仍注重国际化发展战略，对于新兴及成长较快的市场关注极大，尤其亚洲市场。由于教育出版市场受市场入学率，教材采用率等方面的影响，集团依靠长期的发展和不断加强出版的核心竞争力，保证了教育出版业务一直保持着稳定的发展态势。由于2008年金融危机的冲击，麦格劳-希尔教育从2007年的年收入67.72亿美元降到2009年的59.52亿美元，经历了两年的下滑后，麦格劳-希尔教育在2010年销售利润上较2009年增加了31.7%，成为麦格劳-希尔集团旗下销售利润增长最快的子公司。

表3-15　2007~2010年麦格劳-希尔教育销售状况对比　　单位：百万美元,%

项目	2010年	2009年	2008年	2007年
总收入	2433.1	2387.8	2638.9	2687.3
经营收益	363.4	276.0	321.4	403.1
利润率	14.9	11.6	12.2	15
集团总收入	6168.3	5951.8	6355.1	6772.3
收入占比	39.4	40	42	39.6

资料来源：2008~2010 McGraw-Hill Annual Report.

2. 经营策略

麦格劳-希尔集团的经管管理策略主要体现在四个方面：（1）人性化管理。集团为员工提供完善的退休保障和医疗计划，实行弹性工作制和家庭关怀计划，尤其体现在对老人、婴儿以及女性的照顾。除此之外，集团实行员工持股激励制。（2）拥有健康的现金流。2010年底，集团现金及现金等价物净值约15亿美元，较2009年增加了约3.16亿美元，自由现金流达到了8.8亿美元，比2009年增加了1.1亿美元。截至2010年底，麦格劳-希尔集团的总资产为70.5亿美元，其中股东权益为22.9亿美元，总负债为47.6亿美元。（3）注重品牌管理。麦格劳-希尔集团在其出版教育方向旗下汇集了诸多知名品牌，其中包括 McGraw–Hill Professional、McGraw–Hill/Irwin、McGraw–Hill Digital Learning、McGraw-Hill Higher Education 等。除打造品牌外，该集团同时注重利用品牌作为进入、开拓新兴市场的重要手段，遵循着"全球化导向+本土化策略"的原则，麦格劳-希尔集团通过合作出版等方式积极开拓市场，达到了与本土出版企业互利双赢的目的。（4）重视数字化业务。麦格劳-希尔集团积极开展数字化业务，打造数字化产品。目前，麦格劳-希尔集团大约有2/3的业务来源于数字及数字混合产品。集团打造了 McGraw-Hill LearnSmart、McGraw-Hill Creat、McGraw-Hill&Blackborad 等一系列产品致力于为消费者提供全方位的服务。在所有数字产品中，McGraw-Hill Connect 和 J.D Power 尤其突出。McGraw-Hill Connect 平台应用于教育出版领域，消费者可以借助此平台通过互联网全方面接触集团的内容资源。J.D Power 作为一个权威的市场调研机构，注重消费者的体验和反馈，力图实现消费者的需求细分，致力于提供更加专业和针对性的信息服务。

2011年，麦格劳-希尔集团继续执行其既定的发展战略以实现业绩的不断增长和扩张，继续保持其全球范围"知识经济"型公司的主导地位。

第四章　北美地区数字出版业的移动化发展

北美是全球出版业最发达的地区之一，也是信息革命的重要策源地，自20世纪60年代以来，一直引领着全球出版业的数字化变革。进入21世纪后，伴随着电子书阅读器、平板电脑、智能手机等终端设备的普及和移动互联网的发展，北美地区的出版业在前期网络化、数字化的基础上又迅速向移动化发展。

第一节　北美地区数字出版移动化发展概况

北美地区的互联网和数字出版产业一直以来都是全球最发达的。为了深度了解和挖掘北美地区尤其是以美国和加拿大两国为代表的传统出版向数字移动出版的转型过程，掌握北美地区数字移动出版转型趋势及特点，探究未来数字移动出版产业发展模式，媒体认证联盟从2009年起开始对北美地区的多家移动媒体进行调查访问，并且形成了系列化的极具价值和说明意义的数据资料。本节主要依据四年来媒体认证联盟对北美地区数字出版调查结果的数据，梳理北美地区移动互联网环境背景的变化对出版业转型的影响，分析北美地区数字移动出版转型过程，从而反映北美地区数字出版移动化转型的现状及未来。

一、北美地区移动阅读的兴起

IT技术的每一次发展变革都为相关产业带来了巨大的影响和变化，出版产业也不例外。移动互联网技术使得人们能够在任何地点、任何时间使用移动终端进行阅读，弥补了碎片化时间的使用空白。

1. 北美移动应用普及率上升

2012年，全球移动互联网使用率排名三至五位的地区分别是北美、大洋洲和欧洲，移动互联网使用率分别为7.96%、7.55%和5.13%❶。移动互联网流量仍在持续增长，智能手机和平板电脑的网络流量已占到美国和加拿大互联网流量的20%。苹果iPad占全部平板电脑网络流量的95%，iPhone则占到手机流量的72%，Andriod占26%❷。在移动终端方面，美国苹果公司的产品始终领衔市场，苹果应用商店（App Store）的应用下载占全球应用下载量的40%，其营业收入为16亿美元，市场份额为74%。在北美地区，移动应用营业收入和下载量分别增长了8%和6%❸。北美移动应用普及率的攀升，为北美地区数字出版移动化提供了良好的外部环境，同时为其带来深远影响。

2. 移动设备及操作系统多样化发展

纵观市场，移动设备和操作系统的发展也为移动数字出版提供了客观条件。2007年，亚马逊率先推出第一代电子书阅读器Kindle。同年6月29日iPhone在美国上市，智能手机开始普及。2010年，苹果公司发布平板电脑iPad。阅读渐入移动时代。移动设备及操作系统发展至今，其形态和产品已经非常丰富：iPhone、iPad、Kindle、安卓系统、黑莓系统、barners&noble nook等。终端开发商不断地开发新技术创新移动智能阅读终端，这使得传统出版商不得不将目光转移到移动设备及操作系统的市场份额上，从而优化内容和技术，将二者更好地结合以带给用户良好的体验。

3. 移动阅读率上升

移动互联网的覆盖和移动终端的普及不仅促进了移动互联网客观环境的变化，更重要的是它引导了受众对媒介的选择，改变了用户传统的阅读方式，创造了用户新的阅读习惯。美国皮尤研究中心2011年3月的调查数据显示，在美国成年人中，使用手机或桌面网络获取当地新闻及信息的用户比例为47%，而使用智能手机或平板电脑的用户比例高达84%（样本量为2251人)❹。

---

❶ 搜狐IT［OL］. http：//it.sohu.com/20120509/n342795480.shtml.
❷ 移动设备占北美网络流量20%［OL］http：//www.sootoo.com/content/287225.shtml.
❸ 资料来源：应用商店研究报告［R/OL］http：//www.s1979.com/news/tech/201304/1584335315.shtml.
❹ How mobile devices are changing community information environments［OL］http://pewinternet.org/Reports/2011/Local-mobile-news/Part-1.aspx? view=all.

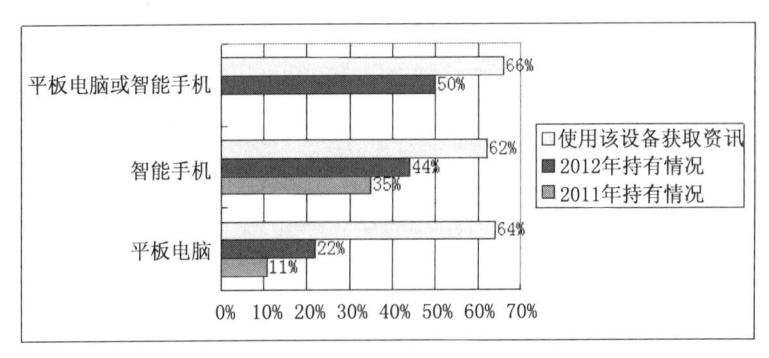

图4-1 美国移动终端持有及使用情况

资料来源：http://www.journalism.org/analysis_report/future_mobile_news（n=9153）

美国皮尤研究中心一项"关于移动资讯的未来"的调查数据显示，从2011年到2012年，美国成年人持有平板电脑和智能手机的比例分别增长了11%和9%，使用平板电脑或智能手机获取资讯的用户比例占总体的一半以上，如图4-1所示❶。这说明，在美国使用纸媒阅读的用户正在减少，而使用移动终端阅读的用户正在不断增加，移动阅读率持续上升。移动阅读市场的需求将成为拉动传统出版业转型的一个根本因素。

移动互联网技术不断优化，移动智能终端的普及，移动互联网用户的不断增加，为传统出版业带来了前所未有的经营压力。移动互联网技术在出版行业的应用，改变了信息传播渠道，改变了内容传播形态，改变了受众的阅读习惯。纸媒阅读率逐年下降，移动化数字阅读成为市场的新取向。移动互联网高于桌面互联网的用户群体，意味着数字移动出版业将比传统出版业拥有更为广泛的受众。数字出版的移动化转型成为环境驱使之下的必然选择。

二、北美地区数字出版移动化的主要表现

1. 出版商对移动市场的认知度提升

面临传统出版日渐低迷的生存状况及数字出版移动化的趋势，迟疑观望者最终只会被市场淘汰。于是，出版商纷纷将目光投向了蒸蒸日上的数字移动出

---

❶ Future of mobile news [OL]. http://www.journalism.org/analysis_report/future_mobile_news.

第四章 北美地区数字出版业的移动化发展

版业,开始密切关注行业内发生的变化以及受众的阅读选择。

2009年媒体认证联盟发布的数字出版调查报告显示,85%的出版商认为在未来三年中,移动设备将是人们用来获取资讯的主要手段。而在2010年的调查报告中,此项调查结果的数字为89%。也就是说,有更多的出版商意识到数字内容移动化的市场机会。出版商将在移动设备和数字移动出版内容上投注更多的注意力,以满足更多的市场需求。

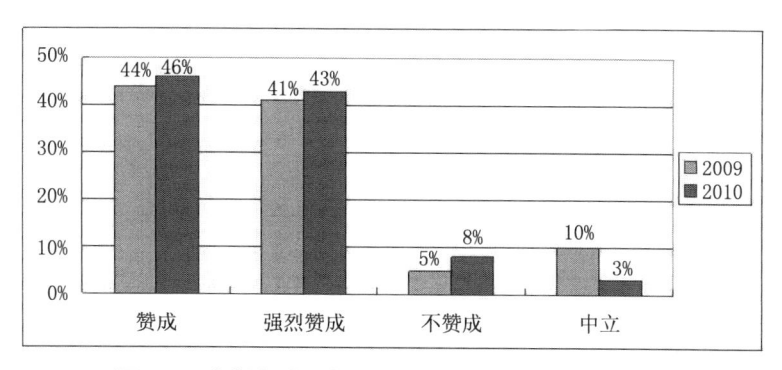

图4-2 出版商对用户通过移动设备获取资讯的认知度

资料来源:http://www.auditedmedia.com/media/113239/mobile.pdf(n=370) http://www.auditedmedia.com/media/113224/mobile2010.pdf(n=336)

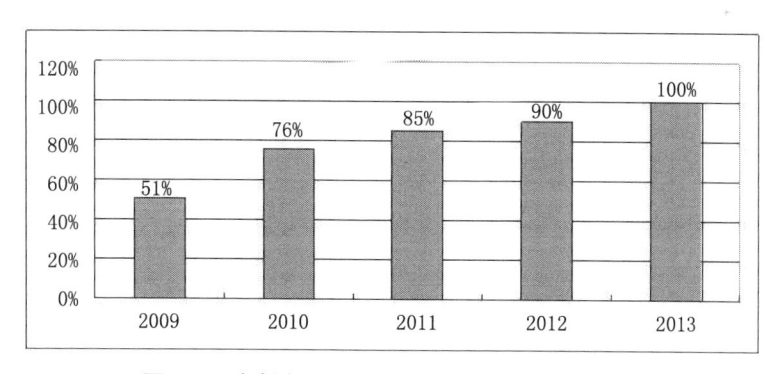

图4-3 出版商对移动内容关注的增长(期望值)

资料来源:http://www.auditedmedia.com/media/182933/aam2012survey.pdf(n=210)

2009年,仍有30%的出版商对移动市场缺乏足够重视。但随着移动阅读率的上升,越来越多的出版商意识到移动互联网为行业带来的新机遇。2010年,17%的出版商开始重新审视自己的关注目标,将更多的注意力放在了移动市场。如图 4-3 所示，出版商对移动内容的关注从 2009 年的 51% 增长到 2012 年的 90%，而在 2013 年的期望值中，这项数字为 100%，较 2009 年的数字几乎翻了一番。可见，北美地区正在经历由传统出版向数字移动化出版的快速转型。

2. 移动阅读应用程序（App）迅速扩张

2011～2012 年，出版商为移动终端提供的应用总量几乎是翻倍增长，有些应用的增长甚至不止一倍。这表明，移动设备和操作系统的多样化导致了用户阅读习惯的改变。应用程序的衍生便是其表现形式之一。2012 年，移动阅读应用程序迅速扩张是数字移动化出版的主题。大多数媒体公司采用他们从最初涉足的移动市场所获得的技巧和知识来扩大他们的应用程序库。从不断增长的应用程序中可以判断，用户认为 App 应用为其提供了最好的阅读体验。

应用程序可分为本机应用与网页应用。本机应用是指在智能手机、平板电脑、电子阅读器等移动终端通过下载安装获得的应用程序。更新时按照版本更新，需要重新下载安装并覆盖原有程序。网页应用是基于网页的系统和应用，它是以网页技术的支撑为基础而实现具有交互功能的应用程序。而影响本机应用与网页应用最主要的还是网络技术。

HTML5 就是一个影响本机应用与网页应用的非常重要的技术。它是用于取代 1999 年所制定的 HTML 4.01 和 XHTML 1.0 标准的 HTML 版本。HTML 5 有两大特点：第一，它强化了 Web 网页的表现性能；第二，它追加了本地数据库等 Web 应用的功能❶。目前 HTML5 的技术还处在探索阶段。在未来，该技术将会被大量应用到移动阅读的应用程序，这无疑会给数字移动化转型带来更多机遇。目前在移动终端上下载的应用程序需要在网络环境下进行版本更新，很不便利；而 HTML5 技术可以弥补这一缺点。运用 HTML5 技术制作出来的应用程序，可实现内容的实时更新，这可以有效提高用户的阅读体验。HTML5 作为一个新的附加出版技术的影响仍未被大部分出版商界定。当问及 2013 年的情况，41% 的出版商表示他们计划继续使用本机应用，而 31% 的出

---

❶ 百度百科［OL］. http://baike.baidu.com/view/951383.htm.

第四章　北美地区数字出版业的移动化发展

版商表示他们计划尝试使用 HTML5 技术，还有 44% 的出版商并未做出决定。❶从出版内容的分类来看，杂志出版商偏向于开发本机应用，而报业出版商则偏向于开发网页应用。这种偏向或许与出版物内容本身的特征差异相关，杂志的内容在时间上比报纸稳定，更新时间较长，主题及目标受众明确；而报纸最大的特点就是时效性强，更新较快。因此二者在数字移动出版转型过程中体现出了不同的技术偏向。

应用程序的技术对于应用程序的内容也会产生影响。如图 4-4 所示，73% 的应用是印刷版本的完美复制品。也就是说，目前 73% 的阅读应用的原型是已有的印刷出版物，而只有 21% 的应用是与印刷版本无关的独特内容。这似乎表明出版商所面临的挑战是：如何有效利用现有技术来扩展更加丰富的独特内容，而不是在已有出版物的基础上进行复制。

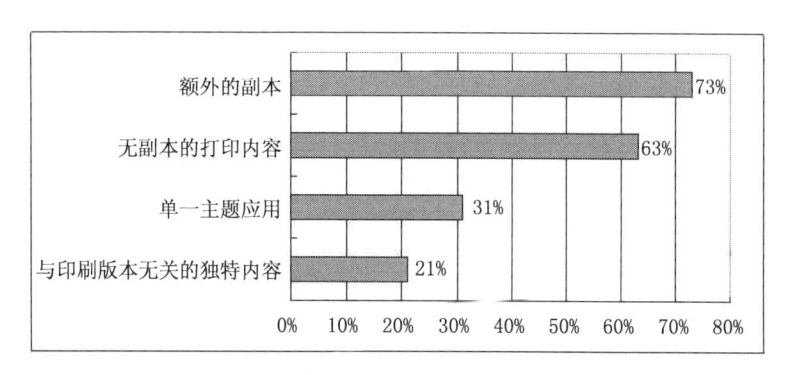

类型	百分比
额外的副本	73%
无副本的打印内容	63%
单一主题应用	31%
与印刷版本无关的独特内容	21%

图 4-4　应用程序的技术对内容的影响

资料来源：http://www.auditedmedia.com/media/182933/aam2012survey.pdf （n=210）

3. 数字内容移动化传播渠道拓宽

在移动终端发展初期，能够为用户提供移动阅读内容的只有电子阅读器和智能手机，但在数字出版移动化的进程中阅读渠道不断拓宽。智能手机、平板电脑不再是苹果公司的专利，操作系统和电子阅读器更是五花八门。面临阅读渠道的增加，应用程序优化成为出版商迫切需要解决的问题。要想把握移动市

---

❶ How Media Companies are Innovating and Investing in Cross-Platform Opportunities 2012 媒体认证联盟数字出版调查结果 [OL] http://www.auditedmedia.com/media/182933/aam2012survey.pdf.

场并抢占先机，出版商就必须考虑为不同的移动终端开发适用于其操作系统的应用程序。于是同移动终端制造商的战略合作成为出版商们的战略选择。

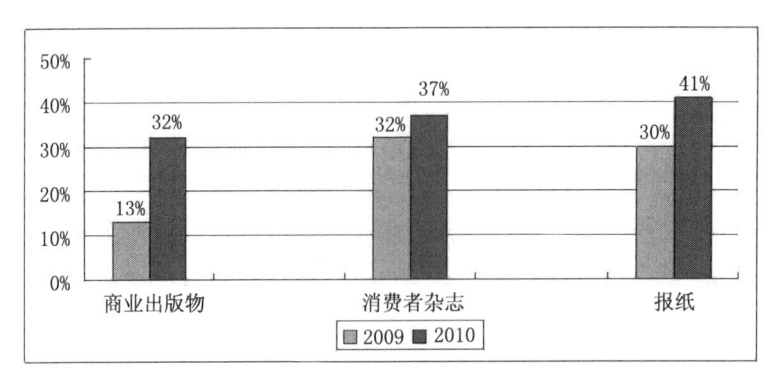

图 4-5　出版商与终端制造商的战略关系走势

资料来源：http：//www.auditedmedia.com/media/113224/mobile2010.pdf（n=336）

越来越多的出版商开始与终端制造商建立战略合作关系。商业出版物的表现最为明显，较 2009 年的数字增长了 19 个百分点，如图 4-5 所示。这意味着出版商意识到移动终端对数字出版移动化的重要影响，数字出版移动化的模式开始形成。2011~2012 年，出版商为多种平台及操作系统提供应用程序。短短一年时间，出版商为 iPhone、iPad 提供的应用分别增长了 24 和 33 个百分点，而增速最快的是安卓系统，从 0% 增长到 75%，如图 4-6 所示。

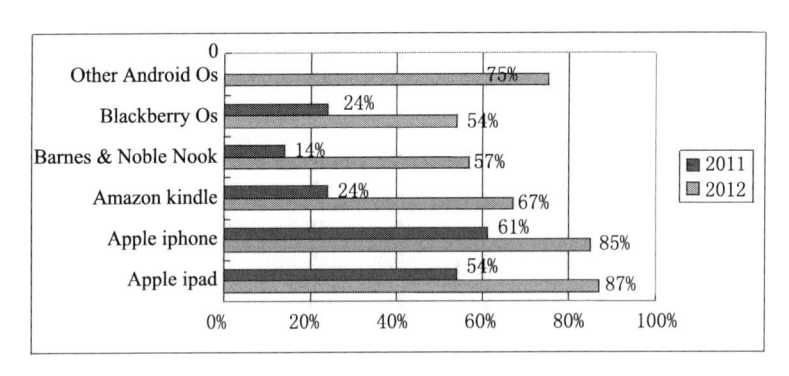

图 4-6　出版商针对多平台分散提供应用

资料来源：http：//www.auditedmedia.com/media/182933/aam2012survey.pdf（n=210）

虽然阅读渠道较产业发展初期已经有了非常显著的变化，但仍可以看到一个很明显的现象：出版商提供最多的还是面向 iPad 和 iPhone 应用。虽然 Kindle 和 Nook 的应用以惊人的速度增长，但是我们不得不承认一个事实：苹果的产品仍主导着移动阅读市场。媒体认证联盟表示，从 2009 年第一次开始进行数字出版调查以来，iPhone 和 iPad 就一直居于领先地位。

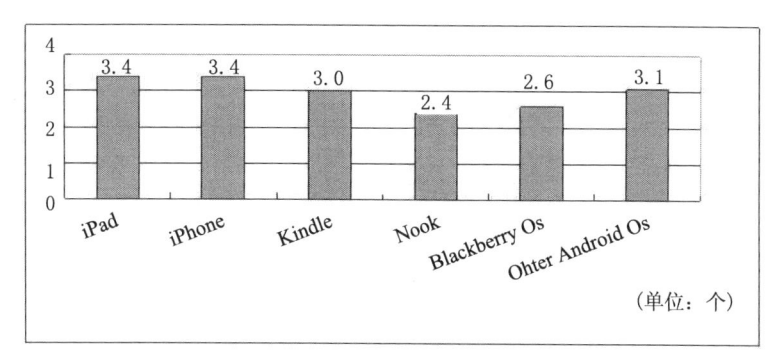

设备	数量
iPad	3.4
iPhone	3.4
Kindle	3.0
Nook	2.4
Blackberry Os	2.6
Ohter Android Os	3.1

（单位：个）

图 4-7　出版商为许多设备和操作系统开发应用程序

资料来源：http://www.auditedmedia.com/media/182933/aam2012survey.pdf（n=210）

如图 4-7 所示，出版商不会只为一个设备提供单一应用。平均而言，出版商生产 3.4 个 iPad 和 iPhone 应用，3 个 Kindle 应用，2.4 个 Nook 应用。可为什么 iPhone 和 iPad 能够始终保持领先地位呢？

自苹果公司开始推出 iPhone 和 iPad 以来，其设备就以良好的交互性，独特的操作系统，精致的外观等优势颇受市场欢迎。传统出版向数字移动化出版的转型需要依托移动设备和操作系统。在产业发展初期，有效地利用终端已有的市场占有率和用户群体，与终端制造商建立合作关系，才能够实现内容与平台的良性沟通和互补。

4. 付费墙（pay wall）模式日趋主流

传统出版向数字移动出版转型，付费模式是一个无法回避的问题。北美地区的出版商一直在为此进行着尝试和探索。

随着网络技术迅速发展，北美地区数字出版移动化转型进程不断加快，出版商不断推出报纸、杂志、商业出版物等电子版供用户阅读。这种方式虽然使得网站的点击量不断增加，但是大量内容的免费提供对整个产业收入造成严重影响。因此，许多出版商都开始探索在自己的网站上设置付费墙。

2010年，付费墙模式的探索有了进一步的发展。55%的商业出版商，40%的报纸出版商以及41%的杂志出版商计划为用户在不同平台使用同一应用提供一次性捆绑式订阅的付费方式（Bundled Subscription），如图4-8所示。与此同时，几乎相同数量的报纸和杂志出版商计划使用分别付费模式（Separate Subscription），商业出版物使用分别付费的比例远远小于使用捆绑付费的比例。

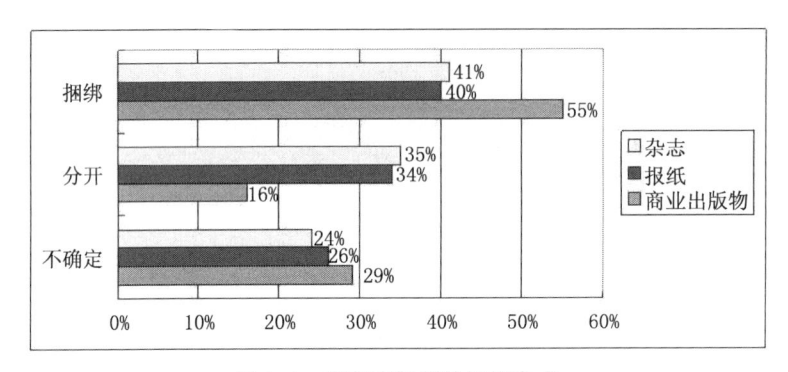

图4-8 出版商提供的订阅方式

资料来源：http://www.auditedmedia.com/media/113224/mobile2010.pdf（n=336）

出版物类型的差异，导致出版商所采用的收费方式的差别。通常情况下，商业出版物倾向于采用捆绑式定价策略，这是因为商业出版物内容稳定性强，更新频率低，采用捆绑式付费才能够吸引用户在不同平台上多次浏览。而杂志和报纸倾向于分别定价策略，这是因为报纸和杂志的更新频率高，用户不会排斥为更新在不同平台的内容付费。由此可见，数字移动出版的付费模式，除了要考究出版商的商业策略和利润目标外，出版物的类型也是影响付费模式的关键因素。

越来越多的出版商开始品尝到付费墙的甜头。数据显示，采用付费墙模式的报纸及商业出版物的出版商的数量是杂志出版商数量的两倍多。目前还未尝试使用付费墙模式的出版商表示，他们会在未来两年内实施付费墙模式，如图4-9所示。

第四章　北美地区数字出版业的移动化发展

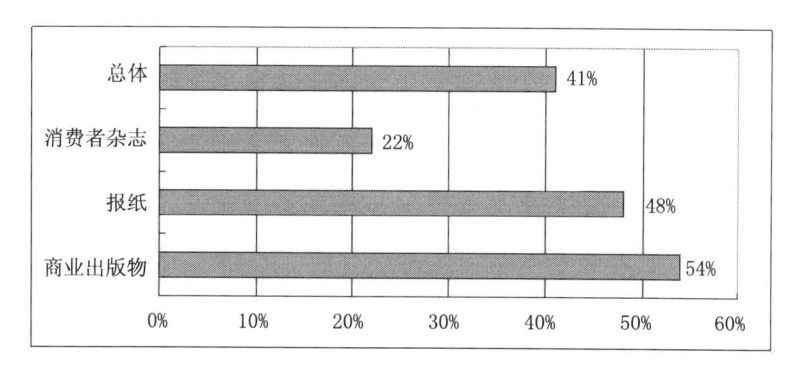

图 4-9　2012 年使用付费墙模式的出版商的数量比例

资料来源：http://www.auditedmedia.com/media/182933/aam2012survey.pdf（n=210）

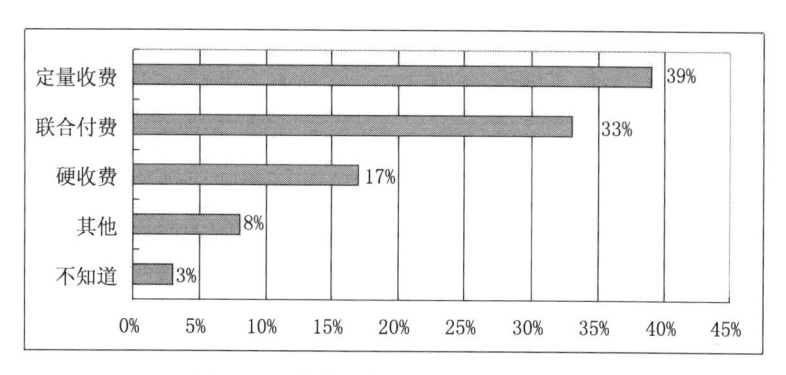

图 4-10　付费墙模式的具体形式及比例

资料来源：http://www.auditedmedia.com/media/182933/aam2012survey.pdf（n=210）

如图 4-10 所示，定量收费（Metered pay wall）是目前最受欢迎的付费墙模式。定量付费允许用户免费浏览一定数量的内容，对超过限定数量的浏览进行收费。目前有 40% 的出版商都在使用这种模式，它也是美国报纸网站普遍采用的付费模式。《纽约时报》2010 年 6 月起实施定量收费，在实施该收费模式的前三个月就获得了 224000 用户[1]。联合付费模式（Combination pay wall）紧随其后，33% 的出版商都在使用。联合付费模式是限制获取优质内容的付费模式。即将内容划分等级，用户无需对普通价值的内容付费，但若想继续阅读

---

[1] 余婷. 美国报纸网站付费墙的发展历程及模式探讨［J］. 新闻记者. 2012（7）：37-42.

优质的高价值的内容，则需要付费。但是，这种模式对信息的平等主义造成了冲击。罗伯特·哈克认为，"即不带有恐惧和偏爱地呈现信息，每个人都可获得信息，并通过这种平等地事实信息获取，实现培育并促进公共理性。"分类付费模式会导致内容分离，直接挑战了新闻媒体得以存在的民主基础以及网络共享的初衷❶。另外，有17%的出版商采用的是阅读任何内容都需要付费的硬付费模式（Hard pay wall）。《华尔街日报》是采用这种付费模式的典型，它对报纸网站的所有内容收费。但从2008年起，《华尔街日报》放弃了该模式，原因是这种收费模式风险很高，会导致报纸网站浏览量锐减。所以，很少有报纸采用这种模式❷。

除此之外，付费墙的收费模式还有计时付费模式、O2O模式（线上线下模式）等。这些模式都是数字移动出版在转型过程中不断摸索出来的收费模式。计时模式就是依据内容更新进行收费，在内容或应用更新后一定时间内需要用户付费浏览，过了这一期限就可以免费阅读。O2O模式是比较新颖的一种付费模式，它与传统的印刷出版物捆绑，即订阅了印刷出版物就可以免费浏览相应的网站内容。这是鼓励印刷出版物继续生存的一种付费模式。

5. 广告模式与订阅模式并行

数字移动出版单纯依靠付费墙的模式是远远不够的，未来的付费模式必然是多种模式的组合。北美出版商们已经开始意识到依赖广告和数字发行收入（订阅收入）双渠道并行模式的重要性。图4-11的信息显示，2009年仅有52%的出版商意识到这个问题，而这个数字在2012年已经增至77%。

---

❶ 徐雅兰. 付费墙模式的应用实践［J］. 新闻界. 2012（12）：58-62.
❷ 张宸. 国外报业付费墙构建模式及发展趋势［J］. 中国报业. 2012（12）上：35-37.

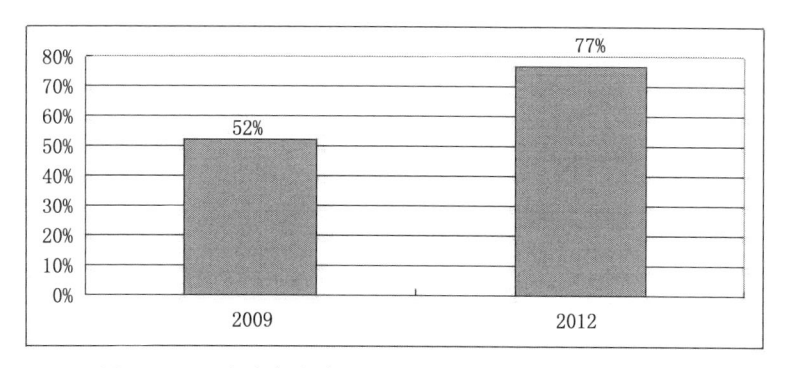

图 4-11 更多出版商意识到广告和数字发行收入的重要性

资料来源：http://www.auditedmedia.com/media/182933/aam2012survey.pdf（n=210）

当调查涉及移动广告时，大约 1/4 的受访者认为赞助广告是未来广告的主要模式，其次是搜索广告和视频广告，如图 4-12 所示。

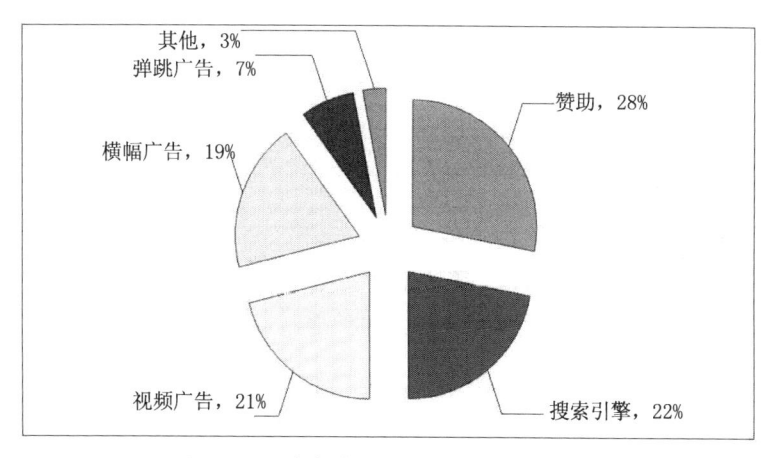

图 4-12 出版商对未来广告模式的认同

资料来源：http://www.auditedmedia.com/media/113224/mobile2010.pdf（n=336）

目前数字移动出版的广告形式主要是广告赞助，即网站或者应用的内容在一段时间内对用户免费，但同时品牌广告会占据用户的部分注意力。这种模式无疑将部分付费压力转移到广告商身上，但这是以牺牲用户良好体验为代价的收费模式。这种模式到底好不好，还需具体情况具体分析。如果配合的恰当，会产生良好的效应；反之，则会引起用户的反感。

广告模式虽然是众多出版商眼中重要的并且有发展前景的盈利模式，但是单独使用广告模式创造收入并不现实。出版商最为看好的，还是将广告模式与订阅模式结合起来的双渠道盈利模式。

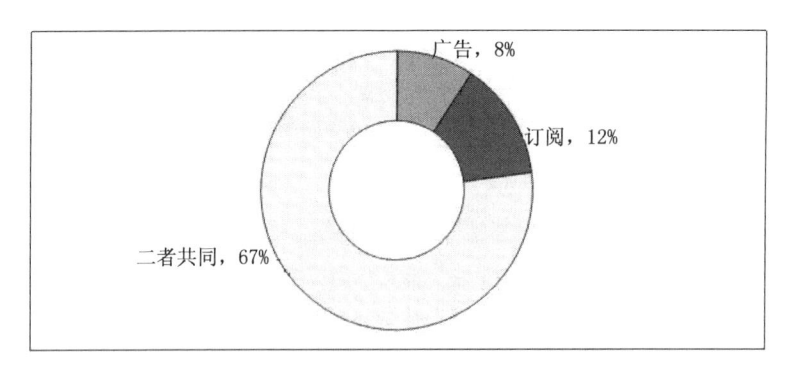

图 4-13　出版商倾向于广告订阅混合盈利模式

资料来源：http://www.auditedmedia.com/media/112880/mobile2011.pdf（n=173）

不单独使用广告模式的原因很简单：人们吃惯了免费午餐，对于免费的东西自然愿意尝试。但是广告到底会给用户带来怎样的体验？这种盈利究竟会不会以损害用户体验为代价？会在多大程度上损害用户利益？又会给应用本身造成怎样的影响？这些结果都是无法量化的。因此，将广告与订阅结合在一起，实行广告订阅混合收入模式，可以在一定程度上降低单独使用广告模式的风险，同时拓宽数字移动出版的利润渠道，保障出版商的经济利益。

总之，北美地区的数字移动出版转型依托于全球移动互联网的大环境，其转型的过程受到整体移动互联网发展情况的影响。移动覆盖率的提升，移动应用普及率的增长，移动设备及操作系统的多样化，用户的市场需求等使得数字移动出版向应用程序跨越。数字出版移动化的特征及模式越来越清晰，但在信息技术创新日趋活跃的背景下，未来数字出版移动化又将如何发展，似乎还不能完全确定。

第二节　美国电子书消费现状透视

作为全球数字出版的领先者，美国是世界上电子书市场发育最早、最快的国家之一。为追踪电子书阅读和消费的最新趋势、研究电子书市场发展的基本态势,近年来美国的一些研究机构层进行了多次大型调查。其中最近的一次调查在 2011 年末到 2012 年初,由美国调查机构皮尤研究中心的"互联网与美国人生活研究组"组织实施,该研究成果——《电子阅读的崛起》于 2012 年 4 月公开发布。本节主要依据该报告对美国电子书的消费现状进行梳理,以深化对美国电子书市场和消费的认识。

一、美国电子书市场现状

1. 市场规模全球第一

2006 年,索尼阅读器的发布激发了美国电子书消费的热潮;此后,亚马逊阅读器 Kindle 和苹果平板电脑的相继问世更加速了电子书推广的进程。几年来,伴随着电子阅读终端的普及和出版业数字化转型的深入发展,美国的电子书市场稳步扩大,其规模从 2006 年的约 3.5 亿美元上升到 2011 年的 3.9 亿美元,坐拥全球电子书消费市场的 1/5 强(21%),如表 4-1 所示。

表 4-1 2006~2011 年美国及全球电子书市场规模 单位:百万美元,%

年度	美国	全球	美国占全球比例
2006	349.96	1549.99	23
2007	358.05	1603.42	22
2008	366.34	1660.20	22
2009	374.82	1719.46	22
2010	383.5	1781.04	22
2011	392.29	1843.67	21

资料来源:Philip M. Parker. The 2011~2016 Outlook for E-Books in the United States. copyright 2010, www.icongrouponline.com.

目前,美国的电子书市场规模居全球第一,几乎是第二大市场中国的 2 倍,更远远领先于其他国家,详见表 4-2。

表4-2 2011年全球电子书市场规模最大的六个国家　　单位：百万美元,%

国别	规模	占全球比例
美国	392.29	21.27
中国	208.28	11.30
日本	124.75	6.77
印度	86.48	4.69
德国	80.29	4.35
英国	60.94	3.30
全球	1844	100

资料来源：Philip M. Parker. The 2011－2016 World Outlook for E-Books. copyright 2010, www.icongrouponline.com.

2. 地区分布很不均衡

从地区分布看，美国国内的电子书市场和全球格局相似，呈现出不均衡的态势。根据ICON Group International, Inc. 发布的研究报告《2011~2016美国电子书概览》来看，经济发达的远西、大西洋中部等地区的电子书市场规模明显大于平原区和落基山脉地区。而在市场规模最大的远西地区，加利福尼亚州的电子书规模占该地区的76.24%[1]，远高于该地区的华盛顿、内华达、俄勒冈、夏威夷、阿拉斯加等几个州之和，具体数据见表4-3。

表4-3 2011年美国电子书市场的地区分布　　单位：百万美元,%

地区	市场规模	占全国比例
远西地区（Far West）	84.41	21.5
大西洋中部地区（Mid-Atlantic）	68.59	17.5
东南地区（Southeast）	64.07	16.3
大湖区（Great Lakes）	55.96	14.3
西南地区（Southwest）	52.67	13.4
新英格兰地区（New England）	27.85	7.1

---

[1] Philip M. Parker. The 2011-2016 Outlook for E-Books in the United States [N/OL]. www.icongrouponline.com.

续表

地区	市场规模	占全国比例
平原区（Plains）	23.98	6.1
落基山脉地区（Rockies）	14.75	3.8
总计	392.29	100.0

资料来源：Philip M. Parker. The 2011~2016 Outlook for E-Books in the United States. copyright 2010, www. icongrouponline. com.

3. 电子书消费群体迅速扩大

美国电子书的消费群体相当庞大，且增长迅速。据调查，2010 年 6 月，平日阅读印刷版书籍的读者占阅读人数的 95%，阅读电子书的读者仅占 4%；到 2011 年 12 月，两个数字分别变为 84% 和 15%。据分析，这一转变是由那些受过高等教育、高收入、年龄在 30~49 岁的人群推动的。同时，数据显示：2011 年 12 月，17% 的美国人在过去一年中有阅读电子书的经历；但到 2012 年 2 月，这一数字已经超过了 1/5（21%）。短时期内如此显著的增长，主要归因于假期送礼季节、电子书阅读器和平板电脑拥有量的增加。这期间，美国成年人中，Kindle、Nook 之类的电子书阅读器和 iPad、Kindle Fire 之类的平板电脑的拥有量都从 10% 激增到 19%。总的来说，28% 的美国成年人（18 岁以上）至少拥有一个电子书阅读设备。

电子书消费的增长是美国从印刷文化向数字文化转型的一部分。在 2011 年 12 月的一个有关数字内容的调查显示，有 43% 的 16 岁以上的美国人声称：在过去一年里通过电子书阅读器、平板电脑、普通电脑或手机，他们至少读过一本电子书，或其他数字格式的长篇内容，如期刊、新闻杂志文章等。尽管如此，目前印刷版图书的阅读仍在美国占主导地位。到 2012 年 2 月，过去一年中阅读过印刷版图书的美国人占 68%，接收过听书的人占 11%；而读过电子书的人只占 21%。[1]

---

[1] Lee Rainie, Kathryn Zickuhr, Kristen Purcell. Mary Madden and Joanna Brenner. The rise of e-reading [N/OL]. http://libraries.pewinternet.org/2012/04/04/the-rise-of-e-reading/. 另：本节中数据如无特殊标注，全部来自该文献。

罗杰斯的创新扩散理论认为，创新事物在一个社会系统中要能继续扩散下去，首先必须有一定数量的人采纳这种创新物。通常，这个数量是人口的10%～20%。创新扩散比例一旦达到这一临界数量，扩散过程就进入快速扩散阶段。根据该理论可以认为，美国的电子读者在总人口中所占的比例已经达到或者超过了一般创新性事物快速扩散的临界值，在未来几年里，美国的电子读者规模将进入一个更加迅速的增长阶段。

二、美国电子书读者的群体特征

1. 电子书读者的主流群体

作为尚待普及的创新性阅读方式，电子书阅读的主体仍是一个相对较小的群体。从人口统计特征看，美国皮尤研究中心在2012年2月结束的调查发现：在美国成年电子书读者（即过去12个月中读过电子书）中，其主流人群介于18～50岁，接受过大专以上教育，家庭年收入在5万美元以上，以非西班牙裔白人为主。具体情况如表4-4所示。

表4-4　美国电子书的读者群体特征　　　　单位:%

项目	18岁以上的读者细分群体	电子书的读者占所有读者的百分比
性别	男性	29
	女性	28
年龄	18～29	34*
	30～49	34*
	50～64	23
	65以上	17
种族和民族	白人、非西班牙裔	29
	黑人、非西班牙裔	22
	西班牙裔	23
受教育水平	高中毕业或更少	19
	大专	34*
	大学毕业	35*

续表

项目	18岁以上的读者细分群体	电子书的读者占所有读者的百分比
家庭收入（美元）	30000以下	20
	30000~49999	25
	50000~74999	35*
	75000以上	38*

资料来源：The rise of e-reading，N=1,377。其中*代表与其他行相比具有显著统计差异。

2. 电子阅读设备拥有者的群体特征

电子书消费和阅读行为伴随着电子阅读设备的推广而普及开来。2010年11月，电子书阅读器和平板电脑在美国成年人中的拥有量分别只有6%和5%；到2012年2月，二者的拥有量迅速提升，都达到19%。数据显示，电子阅读设备拥有者群体也有明显特征：其主流人群是50岁以下的成年人，教育程度和家庭收入水平都较高；同时，女性电子书阅读器的拥有率略高于男性，成年人中有孩子的比没有孩子的拥有更多的平板电脑。这一群体的具体特征如表4-5所示。在所有的电子书阅读器中，Kindle最流行，它在电子书阅读器的拥有者中占有量达62%；其次是Nook，占22%。平板电脑中，最受欢迎的是iPad，在美国平板电脑拥有者中占61%；其次是Kindle Fire，占14%。同时，拥有电子书或者平板电脑的成年人，一般也拥有手机、笔记本电脑、MP3播放器等移动终端，这为他们的电子阅读提供了方便。

表4-5 美国电子书阅读器和平板电脑拥有者的群体特征　　　单位：%

		电子书阅读器拥有者占美国成年人的百分比	平板电脑拥有者占美国成年人的百分比
美国成年人		19	19
性别	男性	16	19
	女性	21*	19

续表

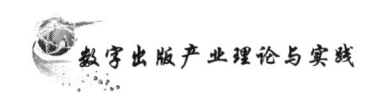

		电子书阅读器拥有者占美国成年人的百分比	平板电脑拥有者占美国成年人的百分比
美国成年人		19	19
年龄	18~29	18	24*
	30~49	24*	27*
	50~64	19	15
	65以上	12	7
种族和民族	白人	18	19
	非洲美国人	20	21
	西班牙裔	19	21
受教育水平	中学	6	5
	高中	14	15
	大专	19*	18*
	大学毕业	30*	31*
家庭收入（美元）	30 000以下	8	8
	30 000~49 999	19*	16*
	50 000~74 999	19*	20*
	75 000以上	31*	36*

其中*代表与其他行相比具有显著统计差异。

3. 电子阅读设备对阅读的促进作用

相对于传统图书来说，电子阅读设备对读者阅读行为具有明显的促进作用。美国人阅读有四个基本动机，分别是娱乐、追踪时事、研究具体问题、工作或学习。从图4-14、图4-15中可以看出，电子书阅读器和平板电脑的拥有者相对于非拥有者来说，四个方面的阅读动机都大大提高，尤其是对于工作性和学习性阅读来说，分别具有16%和17%的大幅度的提升；同时，相对于平板电脑来说，电子书对娱乐性和研究性阅读具有更加明显的提升效果。此外，皮尤研究中心的调查也显示，手机和网络的应用对阅读需求也有非常明显的提升。这说明，新阅读工具的应用对阅读行为具有积极而显著的促进作用。

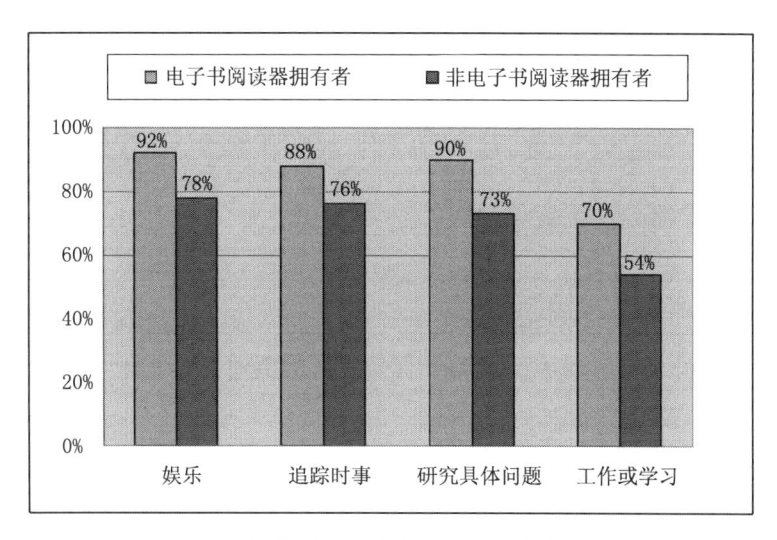

图 4-14　是否拥有电子书阅读器与阅读动机的关系

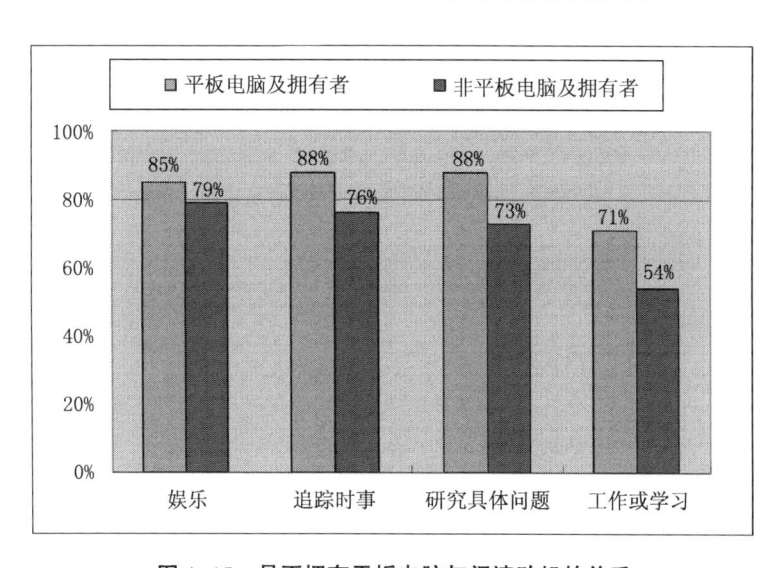

图 4-15　是否拥有平板电脑与阅读动机的关系

三、美国电子书的消费特征

1. 多种终端推动电子阅读消费

目前，美国消费者可以通过手机、笔记本电脑、平板电脑、电子书阅读器等多种终端设备消费电子书。据 2011 年 12 月的调查，在所有电子书读者中，42% 的人通过电脑消费电子书，41% 的人在 Kindle、Nook 等阅读器上阅读电子书，29% 的人利用手机浏览，23% 的人使用平板电脑消费（调查中，许多被访者说他们利用自己所拥有的多个数字设备阅读电子书，所以，这些数字加起来超过 100%）。另外，需要注意的是，电子阅读设备（包括阅读器和平板电脑）的所有者尤其喜欢阅读电子书。93% 的电子书阅读器所有者至少偶尔利用阅读器消费电子书；同时，81% 的平板电脑所有者通过其平板电脑，46% 的电脑所有者通过电脑，29% 的手机用户利用手机进行阅读消费。如图 4-16 所示。

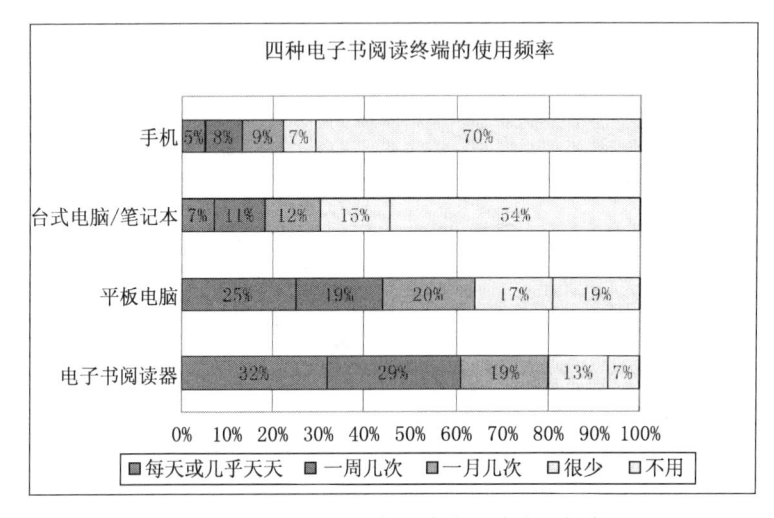

图 4-16　不同电子书阅读终端的使用频率

由于电子设备对阅读具有促进作用，电子书读者的阅读量明显高于非电子书读者。在过去一年中，电子书读者平均阅读 24 本图书，而非电子书读者平均阅读 15 本。同时，调查显示：41% 的平板电脑用户和 35% 的电子书阅读器所有者声称，电子内容出现后，他们的阅读增多了。并且，读者使用电子书阅读器或平板电脑的时间越长，所读的电子书就越多。例如，在使用电子书阅读器一年以上的读者中有 45% 声称阅读量增加，而在使用不到半年的读者中，这一数字下降到 30%。图 4-17 显示了电子书读者和非电子书读者在阅读目的上的明显差异，从图中可以看出：电子书读者在四个基本阅读需求方面都比非电子书读者强烈。

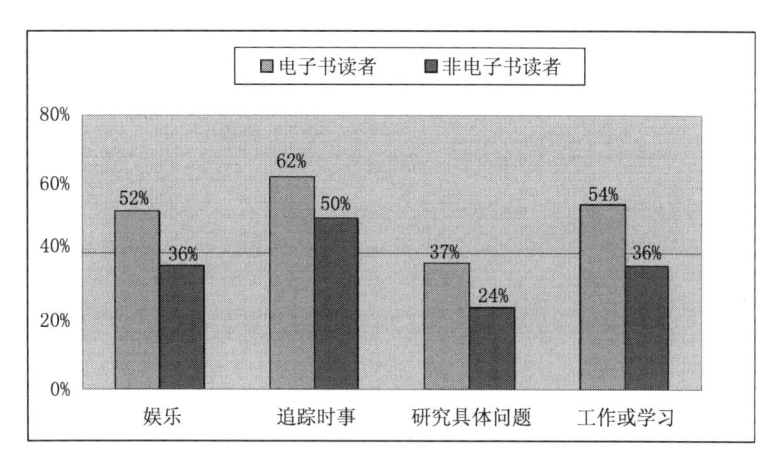

图 4-17　电子书读者、非电子书读者的阅读目的

电子读者不仅青睐于电子书,对其他的数字内容也感兴趣。调查显示,电子读者中,65%的人会阅读新闻或报纸;这些新闻消费者中,77%的人会在电子书和平板电脑上阅读电子内容。另外,60%的电子书读者会阅读期刊、杂志,其中53%的读者通过电子书阅读器、平板电脑和手机阅读这些内容。

2. 电子阅读有利于电子书销售

过去几年,随着电子商务平台的兴起,亚马逊、苹果等电子书平台的应用,图书销售的生态系统发生很大变化,购书的便捷性大为提高,而购书成本大幅降低。在此背景下,读者的购书意愿提升。2011年12月的调查发现,在借阅和购书两种获得图书的途径中,读者对于电子格式图书的购买愿望更为强烈,有61%的电子读者愿意购买,这一比例明显高于印刷书(54%)和听书(32%),具体情况见图4-18。另外,2011年12月的调查发现,电子读者在需要阅读某一特定的电子书时,他们中3/4(75%)的人通常先在网络书店或者网站上进行查询,而只占12%的人会先通过公共图书馆进行查询。可见,无论从图书的形式看,还是从不同形式的阅读主体看,相对于纸书和听书来说,电子格式的图书更利于在市场上销售,而不是通过图书馆或者其他渠道借阅。

不同格式图书的获取方式

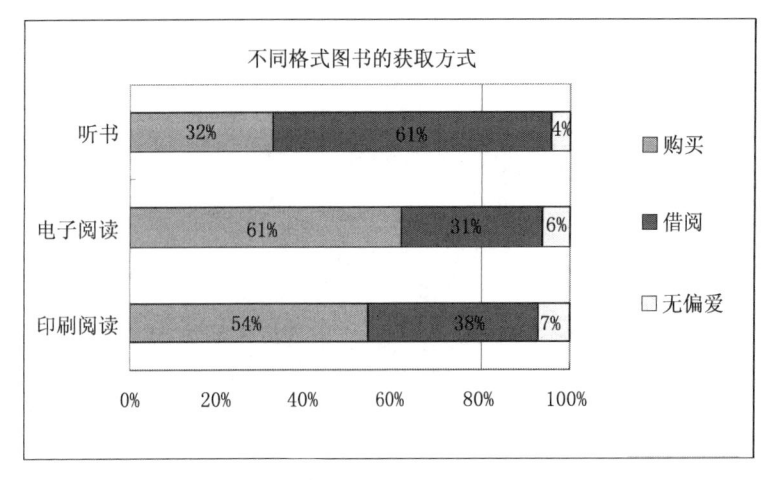

格式	购买	借阅	无偏爱
听书	32%	61%	4%
电子阅读	61%	31%	6%
印刷阅读	54%	38%	7%

图 4-18 读者对不同格式图书的获取意向差异

3. 电子阅读与纸质阅读方式的明显差异

在数字时代，阅读既可能是个人性活动，也可能是社会化活动。图书格式和载体的变化也许对阅读的个人/社会属性并不构成决定性作用，但二者之间存在着密切关系。调查结果显示，不同场合、不同目的的阅读行为对于图书形

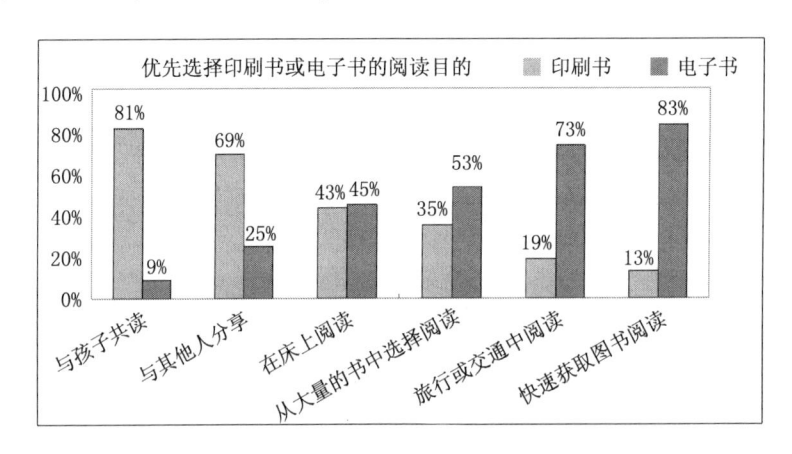

优先选择印刷书或电子书的阅读目的（印刷书／电子书）

- 与孩子共读：81% / 9%
- 与其他人分享：69% / 25%
- 在床上阅读：43% / 45%
- 从大量的书中选择阅读：35% / 53%
- 旅行或交通中阅读：19% / 73%
- 快速获取图书阅读：13% / 83%

图 4-19 不同阅读方式选择的目的

式的选择具有明显的差异性。2011 年 12 月的调查发现：在过去 12 个月中，有 14% 的美国人既读过纸质书也读过电子书；其中，36% 的读者偏爱读电子书，24% 的人偏爱读纸质书，另外 40% 的人没有明显偏好。读者对阅读形式的选

择呈现出一定规律性,当他们为孩子读书或与他人分享阅读时偏爱用纸质书;当他们在旅游和交通路途中,或者需要在广阔范围中挑选阅读时,偏爱用电子书;两种方式基本持平的是在床上阅读。关于不同阅读目的与阅读方式之间的关系,详见图4-19。

通过以上分析,可以看出:美国的电子书消费相对于传统的印刷书来说,虽然还没有成为阅读市场的主流,但有两成多的美国成年人阅读过电子书,并且已经形成了比较鲜明的群体性消费特征和阅读习惯。同时,作为一种创新性活动,电子书阅读已经远远超出了社会上的高端人士的狭小范围,开始进入在普通民众中快速普及的时期。

第五章　数字化转型的成功企业

为顺应风起云涌的信息化浪潮，自20世纪60年代开始国际上著名的出版集团纷纷投身数字化转型的洪流中，它们一方面敏锐地追踪并吸收计算机和网络等基础信息技术的最新成果；另一方面还积极探索数字信息资源的开发和运营，推动了全球出版业的数字化转型。兰登书屋和爱思唯尔是其中的杰出代表，在数字化出版业务上已经取得了突出成就。

第一节　兰登书屋的数字化转型

2013年7月1日，企鹅兰登书屋的成立引起了全球性的关注。不少媒体猜测，在这一旷世合并案背后，隐藏着一个改变世界电子书格局的宏愿。实际上，作为全球顶尖的大众图书出版商，兰登书屋对新技术异常敏感，在20世纪70年代就开始数字化转型，到2012年底，数字产品销售额已占总销售额的22%，成为大众出版商数字化转型的一个成功典范。本节主要从转型方式、业务方向和营销手段三个角度入手，对兰登书屋的数字化道路进行剖析，以期对国内同行有所启发。

一、转型利器：资本和技术

兰登书屋新商业发展部负责人拉里·韦斯曼（Larry Weissman）曾说："我们对科技如何影响出版是问题非常感兴趣，如果有合适的机会，我们会追加更多投资，寻求更多合适的合作机会。"可见，技术和资本是兰登书屋的数字化转型的两个重要手段。

第五章　数字化转型的成功企业

兰登书屋的数字化转型最早可以追溯到20世纪70年代，那时，兰登书屋就敏感地意识到风起云涌的电子和计算机技术将对出版业带来巨大变革，开始采取多种措施进行数字化转型。首先，着手研发电子阅读器，贝塔斯曼是第一款电子阅读器开发公司的股东；其次，修改出版合同条款，取得作者"所有以书的形式出版的权利"，包括现在仍备受争议的电子图书版权；最后，开发数据库资源，把书籍的内容转成数字格式，包括一些出版书籍和再版书籍。

进入新世纪，兰登书屋借助资本的力量提速数字化转型步伐。2000年，兰登书屋成立全资子公司兰登风险投资公司（Random House Ventures LLC），主要对那些有利于重塑传统出版概念、服务以及关系的在线和技术公司进行投资。同年，兰登风险投资有限公司购买Xlibris 49%的股份，Xlibris是一个为网络出版提供技术支持和销售服务的网站，根据作者所付费用提供相应的出版服务，以帮助作者出版作品。通过投资Xlibris公司，兰登书屋在自助出版和按需出版业务中抢占先机。同年5月，兰登书屋与网络声音软件制作公司——Audible合作，开发并提供有声图书，供客户直接从网络上下载。

2005年2月，兰登书屋又投资从事手机出版的VOCEL公司。它开发了一种可以将标准文本信息传输到手机上去的新技术，主要从事无线网络内容的生产和发行。通过VOCEL的网络传输技术，兰登书屋很好地将文本信息发送给手机用户，开辟了新的受众群体，使兰登书屋在传统市场萎缩环境下仍保持整体业务增长。2006年12月，兰登与IT公司Virtusales签订建立数字仓库的合同，该数字仓库将为已有的分销客户和其他相关部门提供服务。为尽可能减少数字化对纸质图书的冲击，兰登书屋图书数据库建设先从再版书的数字化开始，然后是比较有赢利潜力的图书；到2007年5月，3.3万种的再版书已有2.5万种完成了数字化格式的转换。兰登书屋还特别重视数字软件的开发和利用，2010年底，童书部与Smashing Ideas公司合作，共同围绕该部门的重要作者和品牌开发各种软件。2013年7月，培生集团和贝塔斯曼签订最终合同，合并各自旗下的图书出版公司兰登书屋和企鹅出版集团在全球范围内的业务，成立世界上最大的图书公司企鹅兰登书屋；通过这次合并，兰登书屋企图获得在数字出版领域更大的话语权和生存空间。

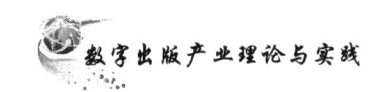

二、业务方向：跨媒体化和全球化

兰登书屋数字业务的长足发展，与它所采取的全球化、跨媒体化的出版战略密不可分；落实在经营层面，主要包括电子书、有声书、游戏和影视等产品形态，它们构成了兰登书屋数字业务的四个支柱。

1. 电子书

从电子书生产到销售的各个环节，兰登书屋不断利用最新的数字技术和平台，以在全球大众图书市场上的领先优势为依托，以高质量的内容为支撑，多样化的分销渠道及灵活的定价策略为砝码，将电子书发展成一个重要的战略业务方向。到 2012 年，兰登书屋的电子书目录已达 47 000 种以上，据其官网显示，它的电子书分儿童、历史、商业等 24 个子类。除大量推出原创作品电子版外，兰登书屋通过振兴 20 世纪的著名品牌系列图书以扩大在电子书市场的份额。Loveswept 言情小说的复兴就是一个典型例子，它是矮脚鸡出版公司旗下的 20 世纪八九十年代美国最受欢迎的言情小说品牌。兰登书屋以电子书专有产品线的形式，通过其美国公司与英国的 Transworld 公司合作出版，在兰登书屋集团各国分支机构的共同努力下，其电子书在北美、英国和其他英语国家同步发行。兰登书屋多产品线的电子书生产方式有助于其在数字出版市场形成集中优势，从而在发挥原有品牌效应的基础上不断聚拢更多优秀作者和内容资源。对于经济效益并不理想的产品项目，也可以及时发现问题做出战略调整。

兰登书屋的电子书是与它的纸质书业务协同开展的。当它在获得具有畅销潜力的作品后，充分发挥传统出版商的优势，主动与作者沟通并迅速签约，同时获得纸质书和电子书的双重出版权，通过多角度、多途径积极推广两种版本的图书。2012 年《五十度灰》三部曲的热销就是这种战略成功的一个明证，它充分体现了图书市场的两个趋势——电子书市场增长势头强劲以及纸质书市场逐渐恢复稳定。

2. 有声书

有声书是兰登书屋进入较早的一个领域，由其旗下的兰登书屋有声出版集团（Random HouseAudio Publishing Group）专门经营。该集团主要由兰登有声书公司（Random House Audio）和聆听图书馆公司（Listening Library）组成。兰登有声书公司前身是 20 世纪 80 年代的有声书出版商先驱 Bantam Doubleday Dell Audio 公司，从推出盒带、CD 到目前的数字格式，该公司一直主要面向成人读者，制作并提供高质量的小说和非小说类有声书，形成兰登书屋有声读物的一条主线。1999 年 7 月，兰登书屋收购有声书公司聆听图书馆，主要经营儿童有声读物。如今，兰登书屋有声出版集团已成为全球有声书行业领先的出版商，每年出版的有声书超过 300 种。2010 年，兰登书屋有声出版集团与有声书公司 Audio Go 达成合作协议：每年共同推出大约 70 种有声书，同时也推出数以百计的珍贵的数字版录音资料和图书以供读者下载。兰登书屋有声出版集团确立了有声读物详细的细分种类，划分出包括艺术、电脑、教育、科学、宗教等在内的 43 种有声书类型。与精装书出版一样，兰登书屋的有声书业务拥有各种各样的书系，读者可以购买删节版、未删节版、CD 或是可下载的有声读物。"哈利·波特系列"作为"青少年小说"类的经典作品吸引了大批目标读者，扩大了有声读物的销售额。凭借"哈利·波特系列"电影和纸质书在全球范围内的影响力，兰登书屋有声出版集团推出的该系列有声读物也顺利获得了广大哈迷的青睐。

3. 游戏

兰登书屋通过对大众市场上畅销的优势内容资源进行多角度开发，进入游戏和其他娱乐型媒介领域，实现资源优化配置，视频游戏是现阶段的发展重点。2010 年，兰登书屋出版集团成立知识产权创造与发展集团（IP Creation and Development Group），主要负责与集团外的媒体公司合作推出能够被视频游戏、社交网络、手机平台等共享的原创故事内容；为提高合作公司现有知识产权内容的世界性与故事性，集团会对他们给予编辑服务支持。流畅的故事情节会对玩家产生巨大的吸引力，富于故事性的游戏过场动画将会给玩家带来新奇的体验；但由故事情节主导的游戏背后，需要拥有精湛写作技巧的团队提供情节线索、人物角色和对话。所以，兰登书屋聚拢了一批优秀的科幻小说作者，为游戏的故事情节设计提供有力支持；同时，还在集团内组建了一支专门队伍，负责向正在开发游戏的作者提供意见和建议。

《元素精灵：魔法的战争》是一款围绕魔法与古代知识的世界所展开的幻想战略游戏，是兰登书屋试水视频游戏领域的第一次重要尝试，与软件开发商斯达多克公司（Stardock Corp）共同开发。2010 年 9 月，在该款游戏上线运行之时，兰登书屋同步推出与之配套的图书，利用捆绑营销的方式，收到较好效果。2011 年，兰登书屋与视频游戏出版商 THQ 达成合作协议，利用多平台开发共享的知识产权，打造缤纷的游戏世界和精彩角色，为世界范围内的用户提供跨媒介传播的故事内容。他们的计划是先开发一批新的以游戏和书籍承载的知识产权作品，然后再向其他媒介形式扩展。

4. 影视

在传统出版业务利润逐渐萎缩的背景下，兰登书屋决定依托自身的内容优势进军影视产业，兰登书屋影业（Random House Films）就是其专门的电影制作部门。2005 年，他们宣布与福克斯电影公司合作，计划每年至多推出两部电影作品，对每部进行 2000 万美元的适度投资。合作中，两者以兰登书屋在北美和世界市场上的作品作为故事蓝本，共同参与电影脚本开发、导演甄选以及制作、宣传营销的全过程，共享与图书匹配的电影版权与收入，但福克斯公司享有电影的全球发行权和销售权。2011 年 7 月，一部由安妮·海瑟薇（Anne Hathaway）担任主演的合作电影《一天》在北美市场公映，该片改编自兰登书屋作者大卫·尼克尔斯（David Nicholls）享誉世界的同名畅销书。图书与电影立体出版的形式有助于巧借电影的独特传播途径，营造内容的全球轰动效应。

同时，兰登书屋还开发了电视业务。2006 年 6 月，兰登书屋收购英国 BBC 图书出版公司（BBC Books），使其成为伊伯里出版部门（Ebury Publishing Division）的一部分。BBC 图书出版公司主要出版 BBC 电视节目的相关书籍。这为兰登书屋在英国走影视与图书相结合的道路打开了局面，增加了兰登书屋为全球市场出版更多优秀作品的机会。

除了如上四种形态产品外，兰登书屋先后推出的数据库、阅读应用软件等数字产品，也受到市场上的追捧。可以看出，兰登书屋所开展数字出版业务，大都根植于其丰富而优质的内容资源之上；同时，他们又借助数字媒介传播迅捷、互动性和体现性强等特点，不断在全球拓展新的市场。通过这样的数字化发展，兰登书屋一方面充分实现了传统出版内容资源的潜在价值；另一方面也扩大了传统出版在数字媒介市场中的影响力。

三、营销手段：作家、作品、读者价值的最大化

在数字化转型过程中，兰登书屋确定了"以内容和作者为中心，以市场和读者为导向"的核心战略，采取多种手段和渠道建立并加强作家、作品和读者之间的联系，实现三者价值的最大化。

1. 为作者提供全方位服务

作者是内容之源，是出版社最重要的合作伙伴，但自助出版的兴起使出版机构面临着作者流失的危机。为此，兰登秉承以作者为中心的原则，通过为作者提供全方位服务和营销推广来为作者和他们的作品创造价值，以此来证明兰登书屋是"作者最佳的合作伙伴"。目前，兰登拥有50多位诺贝尔文学奖获奖作者，之所以能成功吸引很多著名作家，一个很重要的原因是兰登非常强调为作者提供专业性很强的服务，让编辑对作者提供一对一的服务，并使他们之间保持紧密的合作关系和深厚的友谊。现在，兰登利用全球资源，为作者提供全方位360度的服务。在它的"作者门户网站"上，作者可实时看到自己图书的销售数据和版税金额，也可以利用它来为自己做一些推广，比如说通过社交媒体来为自己进行推广，打造自己的品牌。不仅如此，兰登还开始注重为作者开拓更广的收入来源和途径，如给作者提供演讲代理服务，帮作者安排收费演讲活动，或者安排其他收费活动等。

2. 加强与读者联系，提升读者阅读体验

数字化技术可以使出版社和读者建立起直接而紧密的联系。兰登书屋的经营者清醒地认识到，数字时代出版商的一个重要作用就是：发现受众，并让作品和尽可能多的受众联系起来。为此，兰登充分发挥传统媒体和新媒体的不同优势来开展宣传和推广活动。首先，它通过传统媒体如报纸、电视等发布书籍信息，使读者在第一时间内发现书籍；其次，利用在社交媒体平台上建立的很多图书社区，把图书推荐到特定类别的读者群中去。在数字方式的营销活动

中，兰登还通过对消费者的购书和阅读行为进行细致深入的观察和分析，以此为依据，为不同的书籍寻找适当的渠道和路径，针对相应群体进行营销。

在加强与读者联系的同时，兰登书屋非常注重提升读者的数字阅读体验。而在信息泛滥背景下，图书内容检索和获取的便捷性和易得性是衡量数字阅读体验的重要标准；为此，兰登书屋在这两个方面进行持续发展，保障体验效果的不断改善。2007年，启动在线图书内容搜索和浏览服务器——Insight，通过这个服务器，用户可以搜索到5000多种兰登书屋新版和再版图书；2008年，启动按章节在线售卖图书工程，这是大型商业出版社第一次为读者提供某本书的某部分的数字化内容；2008年，兰登书屋推出"浏览和搜索"的工具包，它可放在网页上供用户浏览和搜索兰登图书文本内容，读者最多可以浏览一本书内容的10%，通过预览图书内容，读者评估自己对作品的喜爱程度以做出更准确的购买决定。

3. 建立多元化的销售渠道

兰登书屋利用层出不穷的网络技术和数字平台，自建渠道与利用第三方渠道相结合，构建多元化的数字化销售渠道网络。早在20世纪末，兰登书屋就通过亚马逊和巴诺网上书店销售图书。2000年借助Xlibris公司开展作者自助出版和按需出版业务，实现传统渠道和数字渠道的完美结合。2004年底，兰登书屋开始在互联网上直接向消费者售书。2005年1月，兰登书屋又发明了专用软件，通过发手机短信来促销新书，开辟了利用手机终端和电脑终端进行图书营销的新思路。2005年12月，兰登书屋宣布与在线图书零售商、搜索引擎、娱乐门户网站以及其他合适的销售商合作，把其图书以按页浏览付费的方式卖给消费者。2011年兰登书屋加盟苹果公司的iBookstore数字图书销售平台，同时，兰登书屋还开发多款图书应用程序通过iTunes音乐商店发售。凭借这些多元化的营销网络，兰登书屋在努力实现"让任何消费者在任何地方都可以方便的获得我们所提供的内容"的同时，也使它的数字业务收入稳定攀升。

综上可见，在席卷全球的信息革命浪潮中，兰登书屋敏锐地把握住了出版数字化的发展方向，借助灵活有效的投资手段和全球领先的市场地位，在数字出版领域不断探索新产品、新服务，开拓新业务、新市场，创新数字化营销手段，在为作者和读者创造更多价值的同时，也平稳地实现由原来的图书出版商向信息服务商的转变。当然，兰登书屋的数字化转型之路还在继续，新合并而成的企鹅兰登书屋还将迎来更多的挑战和风险，但兰登也已走过的数字化道路值得我们深思和借鉴。

第二节　爱思唯尔的数字化转型

由英荷合资的励德·爱思唯尔集团是目前全球最大的科学、技术和医学信息产品的出版商。该公司的出版业务主要涵盖两大领域：The Science &Technology（科学技术）和 The Health Science（健康科学），其产品和服务包括期刊、专著、教科书和参考书的印刷版和在线版，涵盖了健康、生命、物理和社会科学；其旗下的学术期刊，涵盖人文、社科、理工、农医、经管等多个领域，其中最著名的杂志产品有堪称生物学家"梦想"的《柳叶刀》和《细胞》，伽利略、达尔文、笛卡尔等都曾是这家拥有 400 多年历史的出版社的作者。在 20 世纪后半期风起云涌的信息化浪潮中，爱思唯尔成功地实现了从纸质出版商向数字内容服务商的转变，进一步巩固和强化了它在全球 STM 出版领域的霸主地位。本节主要探讨励德·爱思唯尔集团的子公司爱思唯尔出版公司的数字化发展道路，以期对我国专业和学术出版的数字化转型提供借鉴。

一、成功的数字化转型

爱思唯尔出版公司（Elsevier，以下称爱思唯尔）是励德·爱思唯尔集团的子公司。励德·爱思唯尔集团成立于 1993 年，总部位于伦敦和阿姆斯特丹，由英国的励德国际公司（Reed International PLC）和荷兰的爱思唯尔公司（Elsevier NV）合并组成（这两家公司于 2002 年分别易名为 Reed Elsevier PLC 和 Reed Elsevier NV），并投资设立了励德·爱思唯尔出版集团（Reed Elsevier Group PLC）和爱思唯尔·励德金融集团（Elsevier Reed Finance BV）。

爱思唯尔出版公司是世界领先的科学和医学信息提供者,为全球的科学家、卫生从业人员和无数学生们等提供专业和优质的信息咨询服务。目前,爱思唯尔每年出版和发布 2000 种以上的科学和医学期刊以及 20 000 多本图书和参考资料,同时还提供在线信息解决方案,帮助专业人员获取所需的资讯并得到更好的效果。建立了世界上最大的科学和医学研究数据库 ScienceDirect,在全世界范围内拥有 7 000 多位期刊编辑,70 000 多位编委会成员,600 000 名评论家以及 300 000 多名作者。据统计,每年有超过 1 100 万多名研究人员通过该数据库获取专业并且权威的信息和资讯。

爱思唯尔提供的产品内容分为"科学与技术"和"健康科学"。前者的服务对象包括超过 4 500 个学术和政府科研机构及企业研究实验室的数百万研究人员、书店、图书馆、科研人员、作家和编辑,涉及全球 180 多个国家;后者的服务对象则侧重于超过 2 000 万名专职医护人员、学生、医学研究人员、制药公司、医院和研究机构,且提供 35 种语言版本的支持。

在全球经济衰退和传统出版业萎缩的背景下,近年来爱思唯尔的期刊订阅率仍然保持上升势头,营业利润也有稳步增长(其财务状况见表 5-1),这都得益于爱思唯尔成功的数字化转型。

表 5-1 2009～2011 年爱思唯尔的财务表现　　　　单位:百万英镑,%

项　目	2009 年	2010 年	2011 年
收入	1985	2370	2058
利润	563	757	695
调整业务后利润	693	847	768
线上业务收益增长率	9	—	3

资料来源:Reed Elsevier Annual report 2009—2011.

爱思唯尔的数字业务比重和收入继 20 世纪 90 年代中期开发数据库业务以来就逐年迅速上升,并且在近两年趋于稳定。它从 1997 年发布了功能强大、包括海量数据库的 ScienceDirect 信息在线平台,以后每年都上线和更新 6500 万篇以上文摘,近 10 个数据库和其他部分数据库,其中包括 800 万篇可供全文下载阅读的科学论文、部分大型系列丛书等。这为科学家、科研人员、教师和信息工作者提供便捷、快速和高品质的科技信息服务。所以，1996~2011年，爱思唯尔数字产品内容持续高速增长率，具体增长率见表5-2。

表5-2　1996~2011年爱思唯尔数字产品内容增长率　　　　单位:%

年　份	1996	1997	2003	2006	2007	2008	2009	2010	2011
比上年增长率	18	12	55	37	40	20	9	30	26

资料来源：Reed Elsevier Annual report 2009—2011.

目前爱思唯尔的在线产品收入已达到总收入的60%以上，据2011年公司财报显示：在60.02亿英镑的出版总收入中，其电子（Electronic）业务收入占63%，面对面服务（Face to face）业务收入占15%，而传统的印刷（Print）业务仅占22%。可以说，爱思唯尔已经成功地实现了数字化转型。

二、数字化转型历程分析

爱思唯尔的历史最早可以追溯到1880年，创始人是Jacobus Robbers，其英文名称Elsevier来源于1580年由Lowys Elsevier在荷兰创办的一间家庭式出版作坊。其早期的经营目标是出版高质量的经典文学与学术著作，并合理地将其投入商业运作。发展到20世纪30年代，该公司以出版教科书、科学便携书籍、百科全书以及再版百科全书闻名于世。第二次世界大战后，爱思唯尔开始探索国际化发展道路，踏上成为全球知名科学、技术、医学出版商的旅程。在书籍出版领域取得飞速成功之后，爱思唯尔开始扩展期刊出版的业务，于1947年出版了第一本国际性学术期刊《BBA》，这本期刊为爱思唯尔日后的国际期刊出版模式探索出了一条崭新的道路。进入20世纪70年代后，在现代信息技术的冲击下，爱思唯尔走上了数字化发展道路。

1. 数字化转型的尝试：20世纪70~80年代

20世纪60年代晚期，爱思唯尔乃至整个荷兰出版界的形势都不容乐观。从美国开始，西方大多数国家停止大学扩招，全球学术出版界都遭遇了不小的打击。当时荷兰政府的财政政策也向出版界施压，印制书籍和期刊的成本因此大增，这使得很多高等学府不得不通过借债来充实图书馆藏中的学术出版物。70 年代初情况继续恶化，科技期刊的国际化步伐加快，各国科技期刊出版社所面临的压力进一步增大。

为应对国际期刊产业日趋激烈的竞争环境，爱思唯尔加快了公司规模的扩张并开启了数字化发展道路。1970 年，爱思唯尔与北荷兰出版公司合并；第二年又与医学文摘出版社（Excerpta Medica）合并。医学文摘出版社是一家成立于 20 世纪 40 年代的医学出版公司，到合并前已经成为一家以医疗信息内容为主的并不成熟的电子数据库出版商。合并后的第二年，爱思唯尔将其数据库修改为 EMBASE 数据库并推出，作为进军信息科技领域的首次尝试。医学文摘出版社的加入完美地弥补了爱思唯尔与北荷兰公司在医学专业出版领域的空白。

在努力增强实力的同时，爱思唯尔开始了国际化发展，并在 70 年代进入美国。1979 年，美国施乐公司（Xerox）将一座图书馆文献提交系统的设计项目交给爱思唯尔，该项目集合了大批出版商一起设计了一个具有划时代意义的作品——期刊发布程序阿多尼斯（Adonis）。阿多尼斯是爱思唯尔第一次尝试利用新技术设计制作文件传输系统，这个系统可以将文件传输的过程变得更加便捷和经济。阿多尼斯蓝图的横空出世改变了整个出版界文件传输系统的模式，并且将当之无愧地成为当时科技出版界最伟大的创新发明。但这个程序在实际应用中却差强人意，主要问题在于项目开发的成本和经费使电子文档提交系统比当时流行的传统人工文档交付流程要多得多，客户对此的接受度并不高。10 多年后，个人电脑及 CD 光驱的诞生才使这方面的费用投入降了下来，阿多尼斯项目才得以重新上马。不幸的是，记录和存储在 CD 盘上的期刊也被当时的业界认为是不切实际且没有经济效益，造价昂贵的阿多尼斯项目最终遗憾落马。尽管这个项目最终没有得以实施，但对出版与信息技术合作的尝试依旧直接影响并最终应用于现今的个人计算机程序中。

20 世纪 80 年代的这次失败尝试使爱思唯尔在一个时期内对投资和利用新技术失去了信心，更为雪上加霜的是，当时的荷美汇率问题直接导致爱思唯尔的国际期刊产品价格上涨,美国客户流失严重。付费期刊的价格变动大大打击了荷、英、瑞等出版大国的利益,因为期刊价格上涨预示着客户们将承担汇率浮动带来的影响,而当时的汇率形势一年不如一年。在这种情势下,爱思唯尔不得不将汇率浮动带来的压力转嫁到几个主流客户国(美国、欧洲、日本)上,造成的后果就是这些国家的图书馆机构开始指责公司对期刊价格涨价的行为。图书馆是学术出版的最大盟友,这个打击无疑是巨大的。进入20世纪90年代,爱思唯尔还面临新的问题和挑战——如何在预算吃紧和科技进步的双重夹击下,为个人客户和以图书馆为首的机构及组织提供更好地服务。

2. 数字化转型的深入发展:20世纪90年代至今

20世纪90年代,爱思唯尔先收购了拥有400多种学术期刊的派格蒙出版公司(Pergamon),后并购了著名英文版医学期刊——《柳叶刀》(The Lancet,1823年创刊),合并了拥有4个美国医学期刊的出版商Butter-worth-Heinemarm("美国心脏病学期刊"、"美国外科学期刊"、"美国医学期刊"和"泌尿学")。在出版规模迅速扩大、全球计算机和互联网飞速发展的环境下,爱思唯尔开始了电子出版的道路。1991~1995年,爱思唯尔组织了一个大型项目,即在大学本地网中试验新的电子期刊传播方法。开始时仅有42种期刊传播到美国9所大学,后来增加到80多种。当时Web浏览器还没有大量普及,每所大学必须研究如何在本地储存这些电子文档,这对爱思唯尔的这些合作者而言无疑是一项挑战。但这项创新性十足的试验最终得以成功并演变为后来著名的ScienceDirect数据库。

1997年,爱思唯尔成功地研发出ScienceDirect,迅速扩展了其全球范围内的销售网络。2001年,公司着手进行一项数字版权保护计划——与荷兰国家图书馆的合作的项目,目的是收集并整理爱思唯尔的出版物数字档案。爱思唯尔提供给荷兰国家图书馆完整的ScienceDirect期刊数字备份,包括《柳叶刀》180年前的过刊(从1卷起)。这项合作的成功使爱思唯尔进一步意识到继续与世界上其他研究机构协作开展数字出版工作的重要性。

2000年，爱思唯尔收购Harcourt，取得了MD Consult电子参考服务业务，在美国医学院校、医务人员和卫生保健人员中广泛普及。随后，爱思唯尔开发了Scopus——全世界最大的文摘和索引数据库，涉及14000多种SMT期刊。全世界20多个研究所的研究人员和图书馆员应邀参加了这项工程。爱思唯尔数字化转型的成功表现在创新和协作两方面。它还在2000年成立了国际学术数字出版协会联盟并建立了CrossRef。

目前，爱思唯尔已成为公认的数字化转型的成功典范，但公司仍面临着数字技术进一步发展所带来的机遇和挑战。现在，爱思唯尔继续在多媒体形式的开发上投资人力、物力，通过多种途径提供给用户科技和医学资讯；还强调开放Open Access数字访问源和电子出版版权事宜；继续寻求技术和产品的突破。同时公司认识到新的科技发展中心正在向亚洲地区转移，特别是中国的科学进展是非常有竞争性的，其崛起速度甚至会超过美国。2004年，爱思唯尔在北京开设办事处，以此为中心进一步在亚洲地区扩张其未来的业务。

三、爱思唯尔数字化转型策略

到20世纪末，爱思唯尔就已跳出了传统纸媒出版社的范畴，全面转向数字化出版业务，公司每年出版数千种STM学术期刊及图书，还不断更新数字平台以增强相关数字产品的功能。在数字化转型上，爱思唯尔的基本目标是：以重点机构大客户为目标，提供电子数据处理方案和在线信息服务、建立专业信息类平台和网站，使爱思唯尔逐渐转型为专业类信息产品供应商。在具体实施层面，主要表现为如下三个方面。

1. **持续进行数字出版技术创新**

在急剧变化的时代里，勇于进行技术创新是爱思唯尔成功实现数字化转型的一个重要策略，尽管创新并不总意味着成功。20世纪七八十年代，国际出版业界形成了将信息科学技术引入出版业的风潮，而爱思唯尔正成为了这股风潮的引领者之一。1979年美国施乐公司与爱思唯尔合作的图书馆文献提交系统即是其中的典型案例。1991~1995年,爱思唯尔在大学本地网中试验新的电子期刊传播方法。1997年,爱思唯尔成功地研发出了ScienceDirect,并迅速建立起全球范围的销售网络。

爱思唯尔在建立科学通信的标准和实践方面发挥了领导作用。它在信息链接、信息保存和信息标准方面做出了很大努力并卓有成效。譬如,它是CrossRefr的主要合作者,积极参加OpenURL标准开发工作,采用OAIS（Digital Archives Information System）进行文档保存（与美国耶鲁大学和荷兰国家图书馆合作),参加了科学技术信息交换（STIX）字体创造项目。

关于SceinceDirect的技术,爱思唯尔在1993年就进行了试验版的测试。美国和欧洲的7个研究组织参与其中,还有100多名志愿者,内容最开始也仅限于45种心脏病和神经科学期刊,全文文献的格式提供有HTML和PDF两种格式。测试版中的参考文献链接可链接到其他文献。1998年5月,ScienceDirect开始投入商业使用,1998年7月可下载的期刊增加到1100多种。2000年通过开放链接技术（Open Linking Technology）,实现了SceinceDirect与其他出版社期刊数据库的无缝链接；如2001年8月,MEDLINE与它对接。到2003年10月SceinceDirect中的期刊增加到1800种；2005年6月,期刊品种增加到2000种以上,并在向参考书和手册等方向扩展。2006年2月,SceinceDirect开始采取在先优先出版的方式,对经同行评议过被期刊决定发表的论文先在数据库中上传、传播；这种出版方式大大提高了科学文献的发表效率,比通常情况下的发表要早4~6个星期。这标志着对缩短发表周期的技术的突破。现在,SceinceDirect已经拥有超过2500种经过同行业审核认证的期刊以及11000多本图书的线上出版物。

在爱思唯尔1999年的财务年报中提到,过去三年中,共投资75亿英镑,其中90%以上的投资都与Internet技术有关,这是爱思唯尔投资网络出版技术最多的三年。由此可见,它对信息技术的重视程度非同一般。

2. 提升产品的使用价值

对学术型数字出版产品来说,其使用价值主要体现在文献的丰富齐全和查阅使用的方便快捷上。随着励德·爱思唯尔集团从一个专业资讯供应商转型成为集研究资讯、专业服务一揽子解决方案的综合服务商，其产品已经从单纯的专业图书、专业期刊和期刊群发展到电子书、数字版期刊、专业数据库信息服务提供等。涵盖23个学科的全文数据库ScienceDirect（图5-1）是爱思唯尔的代表性数字出版产品，也是目前世界上最大的科技、医学文献全文数据库。其直观友好的使用界面使研究人员可以迅速链接到爱思唯尔丰富的电子资源，包括期刊全文、文摘数据库和参考工具书以及图书系列等。用户可以轻而易举地注册，并在线获取1800多种期刊，查看6000多万条摘要以及600多万篇全文文献。每一篇文章都是无缝链接的，主要以完全可搜索的超文本链接格式和PDF格式的文档形式存在，确保用户不受任何时间地点限制地获得所需信息和服务。所有诺贝尔物理学、化学、经济学奖得主的论文中有80%都在ScienceDirect上可以找到电子版。截至2012年，ScienceDirect全文数据库每天每秒的下载量达到了36篇，平均每分钟都会有两篇以上的文献会上传到数据库中。

ScienceDirect 数据库涵盖以下学科领域：

- 农业和生物科学
- 艺术和人文学科
- 生物化学、遗传学和分子生物学
- 商业、管理和会计
- 化学工程
- 化学
- 土木工程
- 计算机科学
- 决策学
- 地球与行星科学
- 经济学、计量经济学和金融学
- 能源与动力学

- 工程和技术
- 环境科学
- 免疫学和微生物学
- 材料学
- 数学
- 医学
- 神经科学
- 药理学、毒物学和制药学
- 物理和天文学
- 心理学
- 社会科学

图 5-1　ScienceDirect 数据库涵盖的学科领域

3. 开拓全球化市场

爱思唯尔从 20 世纪中叶起就确立了全球化思维，基于全球范围内的市场竞争策略（采购、销售、并购、合作等）使其成就为无国界的、极具竞争实力的科技期刊出版公司。20 世纪 90 年代初期，爱思唯尔的管理层执行了深思熟虑的全球化新策略。首先，在公司内实现了简单的组织结构。以前的管理机制是一种联邦制形式，公司各分部在地理位置上分开，这种结构造成不必要的重叠。而现在按产品线进行管理，将相似的产品和职员组织在一起，反映了科学无国际障碍。其次，公司实行一种新的国际性编辑结构，将公司相当可观的编辑资源整合在一起，并加以强化。

在信息化社会，爱思唯尔顺应世界科技期刊发展潮流，融入全球科技期刊出版体系，转变和创新科技期刊的运营理念，达到国际化运作。公司在出版活动的各个方面（作者、审稿、编辑、生产、服务平台、物流等）都贯彻全球化的理念，同时又保证科技期刊资源配置的本土化，在大大丰富科技期刊资源的同时也节约了期刊生产和交易的成本，这也帮助爱思唯尔拓展了期刊出版的市场容量，增强了产品在全球市场的学术认同和文化认同。

四、数字化转型的成功经验

人类科学发展至今，荷兰并非在各个自然科学领域内都处于领先地位，但爱思唯尔发展到今天能占到全球学术出版界 25% 的市场份额，成为全球 STM 出版的领头羊，其成功的道路可供国内出版企业借鉴。

（1）高度聚焦于学术出版。爱思唯尔的数字出版定位于服务学术界，利用学术界声望高的书刊，打造自己的品牌。

（2）高度重视技术创新。爱思唯尔特别重视信息技术发展对出版领域的影响，大力利用互联网平台，研发在线产品。善于抓住技术革命的机遇，敢于向未占领的业务领域挑战，吸取失败的教训，坚持自己道路。ScienceDirect 就是经过 10 年失败的蛰伏期最终发展起来的。

（3）高度的全球化经营意识。纵观它的数字化转型历程可以看到，它敢于冒险、勇于创新的主动精神；拥有国际化、全球化的视野，把市场扩展到全球，而并不是仅仅局限于荷兰国内。爱思唯尔善于合理利用和配置全球的人力资源和信息资源，发展自己的产品和服务。期刊的编委和编辑有不少是非荷兰籍的人士；信息资料和稿件也来自世界各地；它的产品更是面向世界各国的市场。爱思唯尔还善于细分市场，针对不同的用户，研发不同的产品和提供个性化的服务。

下 篇
国内数字出版产业发展实践

第六章 中国数字出版产业发展现状和问题

20世纪末以来，我国的数字出版产业从萌生到壮大，经历了一个迅速的发展过程，如今已经成为我国新闻出版产业新兴的重要力量，在产业技术、产业政策、产业结构、消费市场等方面初步形成了一定的发展基础，但作为新兴产业仍存在种种问题。认识并深入把握我国数字出版产业的历史、现状和问题，是科学制订我国数字出版产业的发展目标、原则和路径的基础。

第一节 中国数字出版产业发展现状

一、中国数字出版发展进程

中国出版业的数字化转型大约从20世纪80年代末90年代初开始，到现在已经超过20年的发展，回顾这一过程，可分为三个主要阶段。

1. 电子出版时代（1990～2000年）：实现了印前工艺和出版物形态的数字化

最早的出版数字化出现在书报刊的编辑加工环节和印前图文加工的数字化。20世纪80年代末90年代初期，随着激光照排技术的推出和普及，报社、出版社、印刷厂在印前工艺方面迅速转型，即录入与排版在电脑上完成，形成了以方正"书版"、"飞腾"等为代表的新一代数字化印前出版系统。这一阶段也被称为"桌面出版时代"，由美国Aldus公司总裁保尔·布雷纳德在1986年发售其图文页面排版软件PageMaker时提出。

先进的图文排版软硬件的应用增加了复杂图文设计的无穷变幻，将出版设计推到一个新高度。批量运用电子改稿，在录入与编辑加工环节，运用编辑出版软件，省略重复邮寄稿件的过程，降低了出版物的错误率，提高了出版速度和质量。这些排版软件的出现已实现传统出版物加工工艺的数字化。编辑加工后的产品，大多数进入了传统印刷出版环节，加工成纸制出版物进行销售，原始数据的存储得以数字化的形式加以保留，便于今后深度的数字化开发与使用。数字化的存储形态比较有代表性的有可擦写的软磁盘与 CD 光盘两种，有一小部分产品以电子出版物的形式发售，制作成 CD 光盘等形态直接出售。直至今天，电子出版物仍是数字出版的形态之一。

随着计算机的推广与普及，创作活动也日渐数字化，作者投稿越来越多地以电子版形式提交，省略了对稿件进行专业的录入加工的环节。创作、编辑加工环节的数字化，大大提升了出版效率，为数字出版的发展打下了基础。

2. 互联网出版时代（2000～2005 年）：突破了单机版的出版物形态

2000 年，三大中文门户网站——搜狐、新浪、网易在美国纳斯达克挂牌上市，此后，互联网在中国迅速普及。伴随互联网的发展，数字出版也步入第二个快速发展期——互联网出版时期。互联网出版，有时也简单地叫做网络出版（On-line Publishing、e-Publishing、Net Publishing），是伴随着因特网技术的发展而出现的电子出版形式，根据新闻出版总署颁布的《互联网出版管理暂行规定》，互联网出版是指"互联网信息服务提供者将自己创作或他人创作的作品经过选择和编辑加工，登载在互联网上或者通过互联网发送到用户端，供公众浏览、阅读、使用或者下载的在线传播行为。"

在电子出版时代，数字出版实现了加工工艺的数字化与产品形态的数字化，实现了数字内容的机读和屏读。而互联网的迅速推广与普及则突破了数字化产品的单机出版形式，实现了远程互联，以多人在线的形式共享信息，这是人类历史上信息传播技术的一次重大进步。互联网出版将出版数字化由作品的数字化、编辑加工的数字化，扩展到发行的数字化和阅读消费的数字化。由于互联网的独特技术也带来一些新兴的独具网络特性的数字出版与发行方式，将数字化出版推向一个全新的发展阶段，主要表现在以下几个方面：

（1）出版物加速实现网络化。2000 年之后，传统出版物的网络化非常普遍，多数传统出版单位建有自己的网站，将纸制版内容上传到互联网上，这种做法尤以报纸为多，比如各种都市报的数字版等。由于互联网出版具有出版成本低、检索方便、存储阅读空间大等优势，传统书报刊的网站不仅仅上传其纸制版的部分内容，而且将其网站建成一个综合性的资讯网站，提供相关资讯及延展性信息。

（2）出版物销售渠道网络化。在这个阶段，当当网与卓越网等一些专业的网络图书销售平台建立起来，虽然销售仍以传统的纸质书刊为主，但在销售渠道上的网络化，使得图书销售中间环节大为减少，提高了发行效率。网上书店摆脱了销售的地域与时间限制，只要能上网，购书随时随地都可以进行。在盈利模式上，由于互联网不像传统书店受到书店面积限制，无限链接使图书可以做到全品种销售，一些出版日久的旧书和图书排行榜几万名之后的书获得了新的展示空间。网络书店打破了传统书店"二八定律"的限制，即书店的最大利润来源不是百分之二十的畅销书，而是来源于网络长尾——多品种销售带来的综合收益。此外，网上书店会将读者的信息及其购买行为等销售信息记录下来，便于进行数据的深入分析，销售信息的数据化，有助于对出版物进行精准投放与推送。

（3）原创作品借助网络迅速发展。2001年后，一种新型的网络表达形态——博客迅速流行开来，并渐渐步入主流传播的视野。博客是个人日志的综合平台，是一个属于个人的小型数据平台。在这个平台上，博主既是创作者也是管理者，可以随意发布与修改、删除自己的作品，供人阅读与下载，也可以发布照片与音频、视频文件，并与他人进行在线交流。与此同时，一些原创文学网站如天涯社区、榕树下、潇湘书院等也迅速发展起来，一些原创作品借助网络流行开来，优秀作品被出版社签约进而成为纸介质畅销书。互联网为原创作品提供了一个刊载的平台，拓宽了创作者的投稿渠道，使原本作为读者的人也能成为创作者，模糊了传与授的界限，增强了大众对于内容建设的参与性。

（4）检索与集成成为两大发展趋势。互联网的海量信息同时也带来了使用者的不便，人们会淹没在信息海洋中，降低信息的使用效率。2000年，全球最大的华文搜索网站百度成立，致力于向人们提供"简单，可依赖"的信息获取方式。检索与集成是 2000 年后互联网的两大趋势，正是因为有了搜索技术的出现才使得数据的集成拥有了更大的价值，一些数据库资源平台开始建立，如同方知网、维普数据、万方数据、龙源期刊等，数据资源的整合使查询检索更为便捷，也便于对数据资源进行二次开发与使用。

3. 数字出版时代（2005 年至今）：拥有完整产业链的出版新业态

伴随着出版全流程数字化的演进、出版形态与出版终端的不断推陈出新，电子出版与互联网出版已经不足以概括所有的出版形态。具体来说，其特征体现在以下几个方面：

（1）数字出版向全流程数字化转型。数字出版是建立在计算机技术、通信技术、网络技术、流媒体技术、存储技术、显示技术等高新技术基础上，融合并超越了传统出版内容而发展起来的出版新业态，数字出版在加工工艺、产品形态与销售模式三方面实现全流程的数字化，它突破了互联网出版在线阅读的局限，实现了手持终端的离线阅读，相对于电子出版与互联网出版来说，其产业形态呈现出相对独立与完整的态势。此外，数字出版涉及版权、发行、支付平台和服务模式，它不仅仅是指把传统印刷版的内容数字化，或者直接在网上编辑出版内容，真正的数字出版是依托传统的或网络原创的内容资源，用数字化这样一个工具进行立体化传播的新型出版方式，是集策划创作、编辑加工、印刷复制、发行销售和阅读消费的数字化于一体的全流程数字出版形态。

（2）数字出版产业链初步形成。如果说互联网出版只是一种出版形式上的变革，那么数字出版则具备一个完整的出版产业链。经过多年的发展，数字出版已基本形成了由内容提供企业、内容加工企业为主的内容提供商，以互联网、移动通信、卫星为主的传输渠道服务商，以综合或专业、特色数据库为主的平台服务商，以数字技术开发和数字技术应用服务为主的技术服务商，以电子书和其他新型阅读器为代表的阅读终端企业构成的一个相对来说比较完整的数字出版产业链，为整个产业的进一步发展打下了良好基础。

（3）数字移动阅读终端兴起。在电子出版与互联网出版时代，数字化阅读只限于个人电脑（台式机与笔记本），这种载体的局限性大大限制了数字出版的传播效率，使数字出版在阅读的便捷性上难与图书、期刊、报纸这些纸媒体相抗衡。2004年,索尼公司生产的世界上第一款商用电子纸电子书问世。在国内,津科与汉王分别于2006年和2008年推出采用E-ink电子纸的电子书。随后,引发电子书的热销,开启数字出版脱离互联网,走向独立电子终端的时代。2010年,平板电脑加入数字出版终端行列,这种轻薄的便携式手持电脑,可以提供浏览互联网、收发电子邮件、观看电子书、播放音频或视频等功能,刚一问世,便风靡全球,成为数字终端的时尚宠儿。伴随数字终端技术的飞速发展,技术电子阅读器、智能手机、平板电脑等便携式产品出现,使数字产品拥有了与纸媒体一样方便的手持式终端。载体的进步使数字化阅读迅速流行起来,为数字出版的大规模推广与普及提供了保障。

(4) 多种媒介形态内容的融合。数字出版与以往的媒介形态最大的不同之处在于它是一种涵盖了多种媒体形式的出版方式,它采用了文字、图形、图像、动画、网页、声音和视频等多种媒体表现手段,为受众提供及时、同步、全方位立体化的视听读信息,是人类现在掌握的信息流手段的集成者。但这种"全媒体数字化"的表现形式并不排斥单一的表现形式,而是在整合运用各媒体表现形式的同时仍然很看重传统媒体的单一表现形式,并视单一形式为"全媒体"中"全"的重要组成。

二、中国数字出版产业发展现状

2005年是数字出版概念被业内外广泛认可的一年,标志性事件是2005年"首届中国数字出版博览会"的召开,至此"数字出版"的概念开始正式使用,成为新的出版产业的代名词。与此同时,全国数字出版产业收入规模快速增长。中国新闻出版研究院于2006年成立了数字出版研究室和数字出版研究中心,开始对中国数字出版产业进行数据统计,从它每年发布的数据中可以对中国数字出版产业的状况有一个清晰的认识。

1. 产业规模急剧扩大

纵观近五年来中国数字出版产业,中国数字出版产业收入从2006年的213亿元增长到2012年的1935.49亿元,详见表6-1。目前,我国数字出版产业已经进入快速发展阶段,在文化产业中的比重逐年上升,已经成为新闻出版业的战略性新兴产业和出版业发展的主要方向，也是国民经济和社会信息化的重要组成部分。

表6-1　2006～2012年我国出版产业收入情况　　　　　单位：亿元

	2006	2007	2008	2009	2010	2011	2012
总收入	213	262.42	556.56	799.4	1051.79	1377.88	1935.49

资料来源：2012～2013中国数字出版产业年度报告。

2006～2012年，我国数字出版产业的9个细分行业增长速度不一，如表6-2所示。其中增速最快的是网络动漫，7年间增长超过百倍，产业收入从2006年的1000万元发展到2012年的10.36亿元；其次是互联网期刊产业，增速接近20倍；在线音乐和互联网广告的增速也超过数字出版产业的整体情况。互联网广告的增速最低，七年间产业收入还没有翻番。

网络游戏、互联网广告和手机出版一直是我国数字出版产业中所占比重最大的三个子产业，占据了产业总收入的绝大部分份额。但随着产业结构的逐渐优化，它们在产业中所占的比例在过去七年中有所下降，三个子产业在数字出版总产业中所占比例由2006年的92%变为2012年的82%。

表6-2　2006～2012年我国数字出版产业各部分的收入情况　　单位：亿元,%

年份	分类	互联网期刊	电子书	数字报纸	博客	在线音乐	手机出版	网络游戏	网络动漫	互联网广告	合计
2006年	收入	6	1.5	2.5	6.5	1.2	80	65.4	0.1	49.8	213
	所占比例	2.8	0.7	1.2	3.1	0.6	37.6	30.7	0.0	23.4	100.0
2012年	收入	10.83	31	15.9	40	18.2	486.5	596.6	10.36	512.9	1935.49
	所占比例	0.6	1.6	0.8	2.1	0.9	25.1	30.8	0.5	26.5	100.0
增长倍数		0.8	19.7	5.4	5.2	14.2	5.1	8.1	102.6	9.3	8.1

资料来源：2012～2013中国数字出版产业年度报告。

2．产业结构不断优化

（1）产品形态多元化。除了基于互联网的各种电子图书、数字报刊、网游动漫等之外，还有基于以智能手机和各种移动阅读终端为主体的数字出版物，极大地丰富了人们多样化的阅读体验和个性化的阅读需求。目前已形成包括电子图书、数字报纸、数字期刊、原创网络文学、网络教育出版物、网络地图、数字音乐、网络动漫、网络游戏、手机出版物以及基于各种移动终端的数字出版物等在内的较为完备的数字出版体系。智能手机、平板电脑以其良好的阅读体验和便携性，正在取代PC成为主流的阅读平台；Wi-Fi、3G让网速更加流畅。微博也早已成为人们生活的一部分，不少出版人士开始利用微博来扩大影响力。

(2) 媒介功能融合。在资本和技术等因素的推动下，出版产业的边界正在拓展，逐渐向其他行业渗透与融合。具体表现在介质融合、渠道融合、内容融合、技术融合、市场融合、资本融合和机构融合等现象，并重新组建新的出版集团和媒体组织。以手机为例，随着3G技术的成熟，传统报业、出版业和广播电视业将加速向手机终端汇聚，用户能够从互联网上传、下载数字内容、收发图片和音乐、看电视、玩游戏、搜索地理信息，甚至可以取代身份证和银行卡，多种其他媒介的功能被整合在手机这一个媒体之中，手机成为集成性的移动媒体终端，是融合媒介的典型代表。

(3) 出版社加速转型。新闻出版总署《关于加快我国数字出版产业发展的若干意见》指出，到2020年传统出版单位基本完成数字化转型，其数字化产品和服务的运营份额在总份额中占有明显优势。大部分出版社纷纷通过不同的数字出版形式进军数字出版领域。大多数以图书、报纸、期刊出版为主的传统出版企业基本完成了出版流程的数字化改造，电子音像出版单位基本完成了生产流程的技术升级，部分印刷企业引进先进的数字印刷设备开展按需印刷业务，出版物分销机构也实现了销售流程的数字化。不少出版企业还加大了与技术开发商、渠道运营商等的合作力度，共同开展数字出版业务。

(4) 产业集聚效应初显。新闻出版总署规划，到"十二五"末期，要在全国形成8~10家各具特色、年产值超百亿元的国家级数字出版基地或国家级数字出版产业园区，我国数字出版总产值力争达到新闻出版产业总产值的25%，整体规模居于世界领先水平。到2013年，新闻出版总署批复的国家数字出版基地已达到11家——上海张江、重庆北部新区、浙江杭州、湖南中南、湖北华中、陕西西安、广东广州、天津空港、江苏、安徽、北京等。这些基地在引进重点企业、实施重大项目、研发重大技术、开发重点产品等方面进行了大量开拓性工作，初步形成了政策引导、重点扶持、项目带动、孵化辐射的数字出版产业发展新格局，产业聚集和带动效应日趋显现，区域整体发展呈现良好态势。以上海张江数字出版基地为例，截至2012年底，注册文化创意企业达400家，数字出版、文化创意直接产值超过200亿元。江苏基地2012年各园区数字出版总产值超过120亿元❶。

表6-3　国家数字出版基地情况（截至2012年6月）

基地名称	批准时间	基地所在地
张江国家数字出版产业基地	2008年7月	上海张江高科技园区
重庆国家数字出版产业基地	2010年4月	重庆市北部新区
杭州国家数字出版基地	2010年4月	浙江省杭州市
中南国家数字出版产业基地	2010年7月	湖南省长沙市
华中国家数字出版产业基地	2010年8月	湖北省武汉市
天津国家数字出版产业基地	2010年12月	天津市空港经济区
广东国家数字出版产业基地	2011年2月	广东省广州市
西安国家数字出版产业基地	2011年5月	陕西省西安市
江苏国家数字出版产业基地	2011年6月	江苏省南京市、苏州市、扬州市、无锡市、镇江市
安徽国家数字出版产业基地	2013年1月	安徽省合肥市、芜湖市
北京国家数字出版产业基地	2013年3月	北京市丰台区

3. 经营模式逐渐清晰

中国的数字出版经过二十多年的探索，并借鉴国外出版大国的成功经验，运营模式现已逐渐明晰起来，数字出版企业结合自身优势，找到了适合企业特点的数字出版模式。一批有代表性的数字出版企业的商业模式各具特色，产业

---

❶ 郝振省. 2012—2013中国数字出版产业年度报告［M］. 北京：中国书籍出版社，2013：15.

形态已初步成型，在培养用户消费习惯的过程中将逐步建立持续有效的盈利模式。为高等教育出版社、社科文献出版社、知识产权出版社等为代表的一大批传统出版社依托自身特色的资源优势，实现传统出版与数字出版的优势互补；以中文在线、盛大文学、同方知网和龙源期刊网为代表的数字出版企业以技术平台为基础，通过原创文学或者购买版权的方式向读者提供信息服务，并且收益非常可观；电商、技术商、运营商等涉足数字出版业业务，当当网、京东、亚马逊（中国）等电商平台都已开始运营电子书分销业务；腾讯、新浪、搜狐、凤凰网等各大门户网站也在内容资源的经营上展开角逐，网易开展原创精品文学运营，天猫书城和豆瓣阅读纷纷上线；天闻数媒携中南出版传媒的内容资源和华为科技的技术、渠道优势进军中小学教育的数字课堂、电子书包等领域；中国移动、中国联通、中国电信等电信运营商借助渠道优势开展手机阅读、手机动漫、手机游戏等业务，都已获得可观收益。可以说，数字出版产业的生产经营得到了实质性拓展。

4. 产业技术不断进步

过去几年中，我国的数字出版技术取得很大进步，在内容资源的加工、储存、传输、显示、版权保护、运营等方面都取得突破。利用新兴的云计算技术，天津国家数字出版基地建设云计算中心并上线运营，同方知网、北大方正等企业打造云出版、云服务等平台，天闻数媒建设以数字教育为内容的云、管、端数字出版支撑体系，等等，这些云技术的应用为数字出版大规模服务、大数据处理提供了有力保障。体现传统纸质印刷物和多媒体数字技术相结合的 MPR 技术得到推广应用，人民教育出版社、中国出版集团、云南教育出版社等出版企业都已成功开发 MPR 出版物。移动智能终端技术推动了移动阅读的发展，平板电脑、智能手机、专用阅读器等个人手持终端的迅速发展和普及，带动了移动应用研发，并使数字阅读的用户规模迅速扩大。此外，3D 打印、增强现实、数字版权保护等技术在数字出版领域迅速应用推广，开拓了数字出版的产业空间。

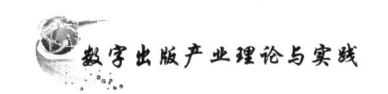

第二节　中国数字出版产业发展的主要问题

中国数字出版产业已经由形成期转向快速发展期，产业规模扩大，产业链也逐渐形成。但是，同国外数字出版产业相比，中国的数字出版产业依旧存在诸多的问题，发展阻力较大。

一、法律缺失，数字版权保护乏力

中国数字出版在法律环境、法律制度等方面明显落后于产业发展，对版权的保护力度不足。法律文件的缺少，形成了数字出版产业的法律保护漏洞，网络版权问题，出版内容低俗等问题此起彼伏，政府难以监控和杜绝。缺少法律保护，产业链各个环节的企业的利益非常容易受到侵害而无法依靠法律手段来寻求保护，制约了整个产业的健康发展。目前，中国数字版权保护没有专门的立法，主要依据《著作权法》和《信息网络传播权保护条例》对版权进行保护。

数字版权遭遇的问题主要集中在两大方面：一方面，部分网民缺乏尊重权利人智力成果、自觉抵制盗版的意识，同时版权权利人缺乏应有的自我维权意识；另一方面，用任何数字化的方法进行传播都须经过作者的直接授权，而且牵扯到网络传播权、复制权等诸多权利，而传统出版机构对自己的优质内容往往不愿提供和出手。出版行业一直奉行"内容为王"，发展数字出版也是如此，出版社作为重要的内容提供商优势明显。然而许多出版社并没有积极参与到数字出版产业的发展中来，究其原因，症结在于版权问题。由于发展数字出版业前期投入巨大，如果版权无法保障，出版社的利益将受到重创。

二、产业链相关企业分工不明确，契合性差

由于中国数字出版产业链在形成的过程中缺少信息共享平台的建设，产业链各环节中的企业不能及时有效地对产业相关信息进行发布、共享以及整合分析，信息缺乏流动性导致整个产业链的效率难以提高。按照产业链理论，在成熟的产业链中，各个环节应分工明确、衔接完好、协同合作、实现共赢的目

第六章　中国数字出版产业发展现状和问题

的。但中国数字出版产业链中的企业时常"跨界"运营，如具有技术优势的数字技术提供商除了提供技术，还会大量向其上下游延伸，进行内容的创作和加工以及销售，这导致产业链分工混乱，效率低下，甚至出现恶性竞争，最终企业之间便缺乏信任，从而造成部分数字媒体企业因为缺少内容供应，或版权受限而无法在该产业链中立足。

与此同时，由于缺乏完善的合作机制，中国数字出版产业链的信息又缺乏流动性，各个环节又各具自身的优势，内容提供商有版权优势，技术提供商有技术优势，平台运营商有销售优势，他们又分别代表自己的利益，在产品经过他们的环节时，为了实现自身的利润最大化，往往会忽略其他环节中企业的利益。另外，数字出版产业链中还存在垄断现象，比如中国移动、中国电信掌握着技术、发布平台等环节，在定价和利润分配上往往充当支配角色。因此，由于没有科学的产业链利益分配制度，在利益分配环节，内容提供商、技术提供商、网络运营商以及著作权利人之间的获利不合理问题突出。

和国外数字出版产业链中传统出版机构充分发挥版权和内容优势、有效与技术结合、占据主导地位不同，目前中国数字出版的内容提供者、数字出版商绝大多数并非传统出版机构，而是技术提供商。在中国数字出版产业链中，技术提供商处于领先和主导地位，而传统出版机构基本处于被动和劣势地位。技术提供商凭借资金、技术和体制机制牵手传统出版机构，将其内容产品纳入自己的数字出版终端，传统出版机构只能从中分到小份额的收益。这种状态说明，中国数字出版的产业链条尚未成形，数字出版距离成熟还有较长的路要走。

另外，从价值实现的角度来看，数字出版的价值链主要由内容商价值链、企业价值链、渠道价值链和买方价值链共同构成。成熟的产业链，应该是参与出版的企业群落内部形成的一条合理的分工链条，其中的各环节都有自己专注的领域，都各自实现价值，合并起来可以形成整体优势。目前，中国数字技术提供商囊括产业上下游、一家通吃的做法，无法发挥产业链条各环节的比较优势而形成产业健康发展的整体合力，这显然是目前产业的一大短板。

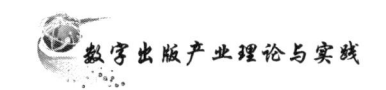

三、复合型人才缺乏

数字出版的核心竞争力是数字技术创新能力和管理能力，而提升这两种能力的关键是复合型人才。所谓复合型人才，主要是指对传统出版流程和数字技术以及经营管理都比较熟悉或精通的人才。目前，数字出版已经向实操和实施阶段转型，因此，要求有关从业人员不仅要懂得如何操作、如何开发，而且还要懂得如何赢利。然而目前的人才结构多是单一型的，表现在内容提供商不了解技术开发和数字出版的运营模式，同时还养不起自己的具有较高水平的网络技术人员；技术提供商不了解传统出版流程。由于整体上缺乏复合型人才，造成了数字出版成本过高、机会把握不准、难以真正实现赢利。

中国出版科学研究所的相关调查显示，各地区出版机构对技术研发型人才需求的比例最大，为50.9%，其他依次为营销发行人员、管理人才、美编设计人员、文字编辑、版权法律和企划人才等。这说明，随着跨媒体数字出版的深入，出版机构对人才的新技术运用能力提出了更高的要求。数字出版在技术形态、知识结构、出版形态、出版流程、出版模式、市场营销等多方面都不同于传统出版。传统出版社的现行体制、管理机制、激励机制、资本、人才的支持结构等方面目前还不能适应新的数字出版要求。而目前，由于国内高校出版教育与出版产业实践严重脱节，导致数字出版人才严重匮乏。其最主要原因是数字出版企业在实践操作中采用的新数字技术由国外公司提供，而出版企业本身与国内高校出版之间缺乏合作和交流，加上许多高校教师都由非新闻出版专业转型而来，导致与业界的联系更为薄弱，数字出版教育与产业的发展不能同步，造成产、学、研活动的脱节。

四、技术标准不统一

标准化是产业成熟的重要标志。中国的数字图书馆经过多年努力已建起一套自己的标准，但数字出版标准的制定却严重滞后。数字出版技术的各个环节，元数据、编码、作品格式等都需要标准，统一的行业技术标准的缺失不仅使数字出版物的兼容性、便捷性大打折扣，也使得数字出版业内部各行其道，阻碍和制约了产业的健康发展。一方面，产业链内部各环节之间凸显出标准的杂糅和冲突：技术提供商期望出版机构提供符合其标准格式的数字内容，而出版机构希望作者能提供符合其出版软件支持格式的稿件，消费者则为不同技术提供商提供的不同数字平台之间难以无缝对接而苦恼。另一方面，数字出版跨部门、跨行业的标准博弈也在发力。

目前，在国内，数字出版主要有方正的 CEB、超星的 PDG、书生的 SEP、Adobe 的 PDF 以及知网的 CAJ 等多个标准，这种各自为政的局面，导致用户必须使用不同的阅读器，一定程度上增加了阅读的成本，无形之中也导致了数字图书用户的流失。与此同时，目前国内各终端电子图书的存储格式也有 SEP、CEB、PDF、CHM、EXE、TXT、NLC、PDG、WDJ、CAJ、DOC 等 20 余种，读者阅读时需下载安装不同的阅读软件，使用相当不便；内容提供商出版数字出版物时必须兼容各种格式，满足不同终端的需求，这也是非常困难的事情。由此可见，标准和格式的不统一，已经成为全行业的发展短板。

五、自主研发能力不足

目前，在新媒体、数字技术的推动下，全球出版业正在经历一场深刻的数字化转型。然而国内出版界，在这场深刻的数字化转型中，更多的落脚点还是在技术和设备上，内容提供商在数字出版的参与度明显不够，出版单位的自主研发能力仍然薄弱，在数字出版产业链中仍然处于弱势和缺乏话语权的地位。

与此相对应，传统出版集团对新技术主动投入、自主研发的很少。由于传统出版机构长期从事内容生产，传统的编审校已成为习惯性工作，人才培养和资金投入长期集中在业务方向上，对于技术的研发、投入和积累极少，现有的技术人员多半是负责公司的信息系统建设，缺乏对新技术的研发能力，出版机构自然也就不能分享数字出版带来的可持续的发展优势和技术红利。

正因如此，国内数字出版产业基本上是由技术提供商领航，除少数有实力、资金雄厚的出版集团积极着手拓展数字业务以外，众多中小型出版单位受限于资金、资源、人才的制约，在数字出版和推出数字化产品方面建树不多。2009 年 799.4 亿数字出版总值中，手机出版和网络游戏的营业收入占了 71.3%，而传统出版占主导的数字期刊、电子书和数字报纸三者所占比重不足 3%，传统出版数字化的份额更少。

第七章 我国数字出版产业发展的目标、原则和路径

在数字技术和计算机网络技术不断发展的今天，伴随着以信息技术为代表的现代科学技术广泛普及与应用，我国数字出版产业进入蓬勃发展的阶段，对传统出版产业产生了重大影响，也给我国的文化产业发展注入了新的活力。数字出版产业的健康发展需要科学和产业定位和发展目标，并在一定原则的指导下有序进行。

第一节 产业发展定位

一、数字出版是新的出版业态

出版业是一个依托内容创新和技术支撑的产业，技术进步是引起变革的基本动因。"十一五"时期，由于科技进步、体制改革和新闻出版产业整体素质的提高，我国新闻出版产业保持了事业繁荣、产业发展、服务加强的大跨越的局面，特别是以数字技术、互联网出版产业为代表的战略性新兴业态的发展，已成为我国新闻出版产业发展的战略制高点和建设世界出版强国的战略选择。2010年，我国数字出版产业总产值已超过1 000亿元，成为产业增长的重要动力源。近几年来，电子书出版、互联网出版、手机出版、动漫网游出版等新的出版业态，不仅形成了庞大的产业新集群，而且走进千家万户，给人们带来了新的阅读体验和视觉冲击，形成了新的阅读习惯和消费理念❶。我们可以明显

---

❶ 柳斌杰. 加快传统出版与数字出版的融合发展 [N/OL]. http://www.gapp.gov.cn/cms/cms/website/zhrmghgxwcbzsww/layout3/header.jsp? channelId=1006&siteId=21&infoId=717810.

第七章　我国数字出版产业发展的目标、原则和路径

感受到新技术给行业、社会以及消费者等各个层面都带来了划时代的变革。

数字出版产业利用数字技术对内容进行编辑和加工，通过网络传播数字内容产品，其主要特征可以概括为内容生产、产品形态、管理过程三者的数字化以及传播渠道的网络化。数字出版不仅包括传统出版产业从出版工业到出版介质的数字化转型，也包括出版物传播与流通方式的数字化转型，还包括对数字内容的不断挖掘和服务于数字出版软硬件技术的不断开发。

数字出版是对传统出版的超越。数字出版产业在内容的制作、传播和应用上与其他行业和高新技术产业高度关联。以数字出版为标志的新兴出版业态在全球范围内风起云涌，通过积极推进技术创新和生产方式、运营模式、管理方式等方面的制度创新，不断提高和完善整个出版业在信息网络社会的生产力和供给力，为出版业的发展和转型拓展了新的空间❶。

数字出版的发展是动态的，是出版业不断创新的过程。也就是出版业不断地创造、运用先进的出版思想和观念、新颖的出版技术和手段，革新传统出版观念、模式、体系、结构、方式、手段等出版领域中陈腐落后的东西，建立和形成具有生机活力的、高效的出版运作机制，实现出版业自身彻底改造的过程❷。在这个深刻的出版变革中，对传统出版流程的再造，绝不是简单地利用数字技术和计算机技术对传统出版的生产流程进行改造，将其未加改造地平移到数字运行环境中来，而是要在对数字出版内涵深刻理解的基础上，将传统出版有效的内容管理和编辑加工经验，与计算机技术和数据库技术有机地结合起来，创新性地开发出符合数字出版新业态的、全新的出版流程和盈利模式。

数字出版对出版产业的重要性不言而喻，如何应对数字出版新兴业态所带来的变革和冲击，已经成为传统出版企业需认真面对的新课题。对传统出版的从业者来说，数字出版进程却并不是那么顺利。传统行业在进入数字领域时要么固步自封，要么没有真正找对路子。在大多数传统出版单位对数字出版仍持观望态度的时候，就有不少非出版单位尤其是 IT 企业大举向数字内容生产和内容服务业进军，并获得了长足的发展和进步。因此，许多传统出版企业没有

---

❶ 郝振省.2009—2010 中国出版产业发展报告［M］.北京：中国书籍出版社.2010：67.
❷ 李治堂，张志成.中国出版业创新与发展［M］.北京：中国书籍出版社.2009：57.

占领数字出版的先机和优势地位。目前对传统出版企业来说,如何进入数字出版、如何实现数字出版、如何实践数字出版,如何投资数字出版,特别是传统出版业务如何与数字出版对接,传统出版资源如何在数字出版领域复用等问题显得尤为紧迫❶。

在 2011 年发布的数字出版"十二五"发展规划中,提到了"十一五"时期我国数字出版产业发展中存在的一些问题。其中,传统出版企业数字化发展速度较慢,出版企业数字出版产品总产出在整个产业中所占比例偏低的问题不容忽视。传统出版企业对发展数字出版产业还没有提升到战略层面予以考虑,数字出版产品较为单一,投入和产出比例较低,体制机制相对落后❷。传统出版要进一步加快向数字出版转型。目前我国大多数报刊、图书出版单位的数字化转型还处于起步阶段,传统出版单位一定要树立正确的发展观念,认清数字化变革的大趋势,借助政策扶持和项目资助加大向数字化转型的力度。

二、数字出版是文化产业生力军

文化产业是指生产文化产品或提供文化服务以满足社会精神需求的各类行业门类的总称。出版产业是指生产出版产品以及提供出版服务以满足人们精神需求的出版门类的总称。出版产业是文化产业中极为重要的一个部分。

出版业是文化积累和文化传播的生力军,对文化事业和文化产业的发展至关重要。任何一种文化形态,只有通过积累、记载、复制和呈现,才能得以流传和传播,才能最大程度地发挥其影响力和感召力。出版产业作为文化的基础产业和主要传播行业,其活动本身蕴含着一定价值观念、意识形态和文化理念。从这个意义上来说,数字出版是人类文化的数字化传承。

出版是文化产业的基础性资源,它既是文化内容的组织策划者,又是文化内容的创造者与文化市场消费者之间不可或缺的纽带,还是演艺业、影视业以

---

❶ 王勤. 数字出版新业态 [N/OL]. http://www.ewen.cc/qikan/bkview.asp? bkid = 168206&cid = 518214.

❷ 中国出版网. 数字出版"十二五"时期发展规划 [N/OL]. http://www.chuban.cc/ztjj/shierwu/zxgh/201105/t20110509_ 87970. html.

及娱乐业等其他文化产业的重要内容来源,发挥着文化发展孵化器和助推器的作用。因而,出版业又可以称为文化的基础产业。

从《新闻出版业"十二五"规划》对未来五年新闻出版产业发展重点的描述来看,数字出版已经取代传统出版业成为行业发展新的突破口。

根据新闻出版业"十二五"规划,未来五年,数字出版产值将超过7 000亿元,较目前产值翻7倍。数字出版列为文化产业发展专项资金的重点支持对象,优先支持数字出版项目进入新闻出版改革发展项目库,争取国家资金支持。此外,针对数字出版企业、基地园区建设,采取资金支持、土地税收及进出口等各方面的优惠政策,扶持数字出版企业抓住机遇做大做强。"十二五"期间有多个国家重点项目,包括从数字创意、数字平台建设、数字传播渠道到数字产品研发等各个方面的工程,能保证数字出版的发展落实到具体项目上[1]。作为文化产业中的一棵老树,出版业正面临着深刻的变革,传统出版在萎缩,而数字出版则有望成为主力军。

数字出版产业的兴起是政策导向下的新兴发展产业,由于切合了居民对数字出版产业需求量的增长趋势,数字出版产业成为文化产业链中重要一环。从行业的一般发展规律来看,数字出版产业将成为部分文化产业类企业的重点盈利方向。从行业发展的基础动力来看,数字出版产业的发展具有政策导向与市场导向双重动力,由于社会消费结构升级加速,数字出版产业动力正在从政策导向转化为市场导向,其利好源头将逐渐从卖方市场启蒙转化为需求市场刺激卖方市场扩容。

三、数字出版是社会主义文化事业的推动器

文化产业的发展,除了要创造经济价值,更要在发展文化产业中保持中华文化的核心价值观;推动社会主义文化大发展、大繁荣,必须把社会主义核心价值体系建设作为首要任务。

党的十七大明确提出,要积极发展公益性文化事业,大力发展文化产业,

---

[1] 新闻出版总署.关于印发《新闻出版业"十二五"时期发展规划》的通知[N/OL].http://www.gov.cn/gongbao/content/2011/content_ 1987387.htm.

激发全民族文化创造活力,更加自觉、更加主动地推动文化大发展、大繁荣。新闻出版总署在《新闻出版业"十二五"时期发展规划》中提到:社会主义现代化建设赋予新闻出版业新的历史使命❶。出版业是中国特色社会主义事业总体布局的重要组成部分,肩负着建设社会主义核心价值体系,增强社会主义意识形态的吸引力和凝聚力,巩固舆论阵地,传承中华文明,普及科学知识的重要使命。

繁荣我国数字出版业,使其迅速发展壮大成为名副其实的朝阳产业,是贯彻落实十七大精神和《"十二五"文化改革发展规划》,建设有中国特色的社会主义文化,增强各族人民的凝聚力和综合国力的客观要求。繁荣出版业必须按客观规律办事,正确认识和妥善处理出版业在社会主义市场经济条件下所具有的意识形态属性与产业属性、政策导向与市场导向、社会效益与经济效益等重大关系。

出版物的双重属性决定了出版产业的特殊性。出版物既是商品,具有价值和使用价值,产生经济效益;同时又是公共物品,具有外部性,产生社会效益。出版物具有文化、教化等意识形态的功能。出版物产品的生产和管理必须有自生的规律,不能按一般消费品的要求单纯迎合市场和消费者的需要,以利润最大化为目标,而应把社会效益放在首位。在这个问题上,我国现代杰出的出版家邹韬奋曾说过:"我们这一群工作者所共同努力的是进步的文化事业,所谓进步的文化事业是要能够适应进步时代的需要,是要推动国家民族走上进步的大道。"❷

出版的意识形态功能,首先体现在要坚持正确的舆论导向,为我国全面建设小康社会做思想保证上。另外,出版的意识形态功能还体现在其传承文明成果、构建民族精神中的精神动力作用和传播知识、教化育人中的智力支持功能上。因此,出版业是文化积累和文化传播的推动器,对我国社会主义文化事业和文化产业的发展有着举足轻重的作用。而出版物就是文化积累和文化创新的主要载体。

---

❶ 新闻出版总署关于印发《新闻出版业"十二五"时期发展规划》的通知.http://www.gov.cn/gongbao/content/2011/content_ 1987387.htm.

❷ 邹韬奋.韬奋:我的出版主张[M].南宁:广西教育出版社.(1999):206-207.

第七章　我国数字出版产业发展的目标、原则和路径

数字出版产业发展壮大伴随着数字技术、传播手段的不断进步，因而在信息社会当中，数字出版产业作为文化的基础产业和主要传播行业，在推进中国特色社会主义文化事业发展的进程中，扮演着越来越重要的角色。

国家新闻出版广电总局副局长邬书林认为，产业要能健康发展取决于这个产业在整个经济社会发展当中的应有功能。发展好数字出版业要有一个核心，就是要围绕着数字出版的应用功能来展开。数字出版和传统出版都是出版的范畴，但是数字出版是一场革命，在规划数字出版的时候最重视的是数字产业的基本社会功能，出版业的基本功能在于传播知识、传递信息从而提高公民素质，保证经济社会在知识和信息的正确指导下健康发展。数字出版也要紧紧围绕这个核心展开。

因此，数字出版产业的发展，首先应围绕着提高中华民族的公民素质，围绕着推动经济建设、推动科研、教学和民众更好地享受文化来展开。这是推动我国数字出版的魂，如果丢掉了这个魂，光有产业发展，没有很好地执行社会功能，我们这个民族就会"魂不附体"，因此我们在促进产业快速发展时，一定要将数字出版的基本社会功能作为重中之重，不能只看到经济效益而忽视了影响更为深远的社会效益。

四、数字出版是提升软实力的新引擎

由于文化在综合国力竞争中的地位和作用越来越突出，增强我国的文化软实力，就成为增强我国综合国力的关键。发展数字出版产业，对于提升我国文化软实力，推动文化产业乃至国民经济的可持续发展，转变新闻出版发展方式具有重要意义。

一个国家的文化软实力，在于其文化的影响力，这不仅取决于其内容是否具有独特魅力，也取决于是否具有先进的传播手段和强大的传播能力。文化传播力已经成为国家文化软实力的决定性因素之一。数字出版建立了一个国家在信息时代的知识传播体系，这个体系的效率和效用，直接关系到这个国家，乃至这种文化在新世纪的生存与发展[1]。

---

[1] 任翔. 浅谈数字出版与知识经济 [J]. 出版参考. 2010 (19): 14.

文化产业是文化软实力的物化和有效载体，加快我国文化产业发展步伐，使我国文化产业能在全球文化产业体系中占有一席之地，是增强我国文化软实力的必要途径❶。文化软实力的构建，离不开出版业的繁荣与创新。文化软实力既要有优秀的文化内核，又要有充满魅力的文化形式；文化的大发展、大繁荣既依赖传统文化的弘扬、文化原创生产力的培养，也离不开包括出版产业在内的整个文化产业的经济规模的扩大和市场竞争力的增强。

在数字化网络化的媒介变革时代，电子图书、数字报纸、数字期刊、网络原创文学、数字音乐、网络动漫、网络游戏、手机出版物等数字出版形态，正在改变着大众的阅读方式和娱乐方式，并形成新的文化消费领域和精神生活空间，数字出版已经成为文化传播的新兴平台，也是文化产业的关键领域❷。数字出版业如何提高传播文化信息的能力，无疑也承担着推动文化产业发展和繁荣，提升我国的文化影响力的历史使命。

近年来，我国政府提出要高度重视互联网的运用和管理，把发展积极健康的网络文化作为提高软实力的新引擎，努力使互联网成为传播社会主义先进文化的新阵地、公共文化服务的新平台、人们健康精神文化生活的新空间。数字出版业作为互联网的主要应用领域之一，在文化传播方面具有巨大潜能。大力发展数字出版产业，通过建构数字出版产业的文化传播力来提升我国的文化影响力，推动中国文化在世界的大发展、大繁荣，是摆在我们面前的现实课题。

第二节 产业发展目标和原则

一、"十二五"时期数字出版产业发展目标

新闻出版总署在2010年9月公布的《关于加快我国数字出版产业发展的若干意见》（以下简称《意见》），提出了加快数字出版产业发展的战略目标、

---

❶ 肖东发，张文彦．出版创新与中国文化软实力［M］．中国社会科学出版社，2011.92-93．
❷ 余斌，潘文年．数字出版文化传播力的建构路径［J］．中国出版．2012（3）：19-22．

第七章　我国数字出版产业发展的目标、原则和路径

发展指标和战略重点。2011 年，国家新闻出版总署发布《数字出版"十二五"时期发展规划》，进一步确认了《意见》所提出的战略目标和发展指标，并增加了"十二五"时期数字出版业发展的战略重点。

1. 战略目标

《意见》提出了我国数字出版产业发展的总体目标：要以数字化带动出版业现代化，鼓励自主创新，研发数字出版核心技术，推动出版传播技术升级换代，构建传输快捷、覆盖广泛的现代出版传播体系；要形成一批发展思路清晰、内容资源充沛、立足自主创新、出版方式多样、营销模式成熟、市场竞争力强、产品影响广泛的数字出版龙头企业；要切实从社会需求出发，将优质内容与数字技术紧密结合，打造弘扬中华优秀文化、反映科学技术进步、体现时代精神、为大众喜闻乐见、具有国际影响力的数字出版产品和品牌；要构建要素完整、结构合理、水平先进、效益良好、多方共赢的数字出版产业发展新格局，把数字出版产业打造成出版业的支柱产业[1]。

2. 发展指标

与整体战略目标相配套，《意见》还提出了数字出版产业未来十年的具体发展指标。到"十二五"末，我国数字出版总产值力争达到新闻出版产业总产值的25%，整体规模居于世界领先水平。在全国形成 10 家左右各具特色、年产值超百亿元的国家数字出版基地或国家数字出版产业园区，形成 20 家左右年主营业务收入超过 10 亿元的具有国际竞争力的数字出版骨干企业。到 2020 年，传统出版单位基本完成数字化转型，其数字化产品和服务的运营份额在总份额中占有明显优势[2]。

2010 年我国数字出版的总产出已经突破 1000 亿元，按照"十二五"规划 25%的目标计算，到2015 年，数字出版的总产出将达到 7350 亿元，这就意味着五年内数字出版的产值将翻 7 倍。可见，政府对于产业发展的前景非常

---

[1] 新闻出版总署. 关于加快我国数字出版产业发展的若干意见 [N/OL]. http：//www. gapp. gov. cn/cms/html/21/508/201009/702978. html.
[2] 新闻出版总署. 关于加快我国数字出版产业发展的若干意见 [N/OL]. http：//www. gapp. gov. cn/cms/html/21/508/201009/702978. html.

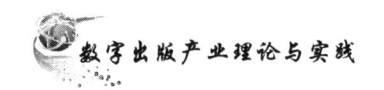

乐观。

3. 战略重点

《意见》提出了未来几年我国数字出版产业的七个战略重点，分别是：积极推动传统出版企业向数字出版转型，发展壮大优势产业，提升数字出版版权保护水平，建立海量数字内容转换和加工中心，建设布局合理、类型多样的数字出版产业基地，构建公共数字出版服务体系，积极实施数字出版"走出去"战略❶。

二、数字出版产业发展原则

1. 以社会效益为首，文化和经济协调发展

《"十二五"时期文化改革发展规划》的基本方针中指出：坚持把社会效益放在首位，坚持社会效益和经济效益有机统一，遵循文化发展规律，适应社会主义市场经济发展要求，加强文化法制建设，一手抓繁荣、一手抓管理，推动文化事业和文化产业全面协调可持续发展❷。《文化产业振兴规划》提出：文化产业发展要坚持把社会效益放在首位，努力实现社会效益和经济效益的统一；坚持以体制改革和科技进步为动力，增强文化产业发展活力，提升文化创新能力；坚持走中国特色文化产业发展道路，学习借鉴世界优秀文化，积极推动中华民族文化繁荣发展；坚持以结构调整为主线，加快推进重大工程项目，扩大产业规模，增强文化产业整体实力和竞争力；坚持内外并举，积极开拓国内国际文化市场，增强中华文化在国际上的影响力❸。

数字出版产业是文化产业的重要构成部分，发展数字出版产业，必须坚持把社会效益放在首位、社会效益和经济效益相统一。数字出版业的中心是文化，核心是内容。数字出版技术发展过程中，其出版的特质仍然不变，与传统

---

❶ 新闻出版总署. 数字出版"十二五"时期发展规划 [J]. 中国出版. 2011 (11).

❷ 详见中国政府门户网. 国家"十二五"时期文化改革发展规划纲要 [N/OL]. http://www.gov.cn/jrzg/2012-02/15/content_2067781.htm.

❸ 新华网. 文化产业振兴规划 [N/OL]. http://news.xinhuanet.com/politics/2009-09/26/content_12114302.htm.

第七章　我国数字出版产业发展的目标、原则和路径

出版一样，数字出版产业的发展也要在坚持社会效益第一的前提下进行。坚持正确的舆论导向和出版方向，坚持把社会效益放在首位、社会效益和经济效益相统一的原则，传播和积累有益于提高民族素质、推动经济发展、促进社会和谐与进步的科学技术和文化知识，弘扬民族优秀文化，促进国际文化交流，丰富人民群众的精神文化生活。数字出版要兼顾社会效益与经济效益；既要坚持先进文化的前进方向，又要遵循市场经济规律。不断探索意识形态事业实现文化产业发展的新途径，力求在实现传统出版业到现代信息产业的转型中，实现社会效益与经济效益的双丰收。

2. 新业态和旧业态协调发展

出版业是一个依托内容创新和技术支撑的产业，技术进步是引起变革的基本动因❶。数字化是传统出版的必然趋势。但数字化的迅猛发展导致对传统出版业态的部分替代和冲击的同时，不会导致传统出版行业的迅速枯萎和消亡，传统出版业仍旧有新的路径可循，仍有其生存的空间和价值；新旧业态会在一定时间内共存发展❷。这要求我们不应该把数字出版和传统出版对立起来，而应该在积极对旧的出版流程改造的同时，充分开发传统出版企业的资源，促进新旧业态的协调发展。

数字出版和传统出版各有所长、各有所短。它们的生存和发展不是新生事物淘汰旧事物的关系，而是优势互补共存的关系。走向融合是数字出版和传统出版发展的大趋势，传统出版应当跟上数字化的脚步，积极探索新的出版方式。以内容价值最大化为目标，积极发展数字图书、数字报刊、数字音乐、数字教育、数字印刷和互联网出版、手机出版、数据库出版、按需出版、跨媒体复合出版等以数字化内容、数字化生产和数字化传输为主要特征的新兴业态。

面对当前数字出版发展的蓬勃之势，对传统出版机构来说，首要任务是改变观念，制定正确的战略目标。传统出版行业虽然不具有 IT 企业的技术优势和新媒体的运营优势，但内容的编辑加工却是其长项。因此，出版单位应发挥

---

❶ 柳斌杰. 加快传统出版与数字出版的融合发展［J］. 现代出版. 2011（4）：5-8.
❷ 数字出版，提升传统出版业态新途径. 编辑之友［J］，2011（2）：1.

自己的长项，并在数字环境下，根据新的用户信息消费需求和消费特征，充分将这一优势发挥出来。在充分认识自己优势和资源的基础上进行产业联合，通过合作谋求共赢。

传统出版要进一步加快向数字出版转型。目前，我国报刊、图书出版单位的数字化转型还处于起步阶段，要通过政策扶持和项目资助加大引导传统出版单位向数字化转型的力度，要将报刊、图书出版单位数字化出版产品的比例、收益的比例纳入考核标准，要牢牢把握出版单位享有的专有出版权，要坚定不移地推动纸介质出版物的数字化转换，要引导推动大型出版传媒集团建设大型综合性出版物投送平台和内容资源投送平台，同时推动中小专业出版单位建设专业知识资源数据库，推动中小出版单位联合同类出版单位建立专业化内容投送平台、开发特色产品❶。

数字出版是未来出版业发展的方向已成为业界共识，传统出版机构仍然有充足时间向数字出版转型❷。行业内的竞争往往能产生前进的动力，随着数字出版产业链各方的介入，数字出版的竞争也随之升级。在数字出版时代，那些能把握自身核心资源和核心能力的企业，就有机会成长为优势企业。传统出版企业应该在实现与数字化对接的过程中明确自我定位，整合自身资源，将自身优势发挥出最大价值。

3. 提高国际竞争力

经济全球化势必将有力推动文化国际交流、交锋、交融。当今时代，世界变平，文化竞争愈加激烈。文化软实力在综合国力竞争中的作用越来越重要。但目前我国的文化影响力、竞争力不足，经济能壮大我国之体格，文化则会强健我国之精神。国家要实现科学发展，必须以高度的文化自觉推进国际文化交流，推动中华文化走向世界。这是我国数字出版产业发展需要遵循的原则。

作为一个新闻出版大国，我国出版产业的国际市场拓展和传播能力还很

---

❶ 孙寿山. 加快推进数字出版产业规划项目实施 [OL]. 中国政府门户网站 http://www.gov.cn/gzdt/2011-12/08/content_ 2015419. htm.

❷ 李朋义. 数字出版业态与转型 [OL]. 中国出版网 http://cips.chinapublish.com.cn/chinapublish/zgcbkys/rdjj/gjcblt/ztyj/201108/t20110831_ 93190. html.

低。因而，提高出版"走出去"水平是国家"十二五"新闻出版业发展规划中十分重要的部分。新闻出版总署在《关于加快出版传媒集团改革发展的指导意见》提出，支持出版传媒集团采取多种方式"走出去"。支持出版传媒集团拓展对重点国家和地区的版权输出；支持有竞争力的传统出版产品和多种形态的数字出版产品进入国际市场；支持有实力的出版传媒集团兼并、收购境外有成长性的优质出版企业；支持有条件的出版传媒集团通过独资、合资、合作等方式，到境外建社建站、办报办刊、开厂开店；支持出版传媒集团参与建设两岸出版交流试验区，在两岸出版交流合作中先行先试，推动两岸新闻出版业共同繁荣发展。同时，还要支持出版传媒集团拓展国际传播渠道。支持出版传媒集团通过参与国内外具有国际影响力的重点文化会展活动，提升中国出版产品在国际上的影响力；鼓励出版传媒集团加强与全球性和区域性大型连锁书店合作，进一步拓展国际主流营销渠道，开拓网络书店、在线阅读等新型出版物销售渠道，整合海外华文出版物营销渠道，构建中国出版产品国际立体营销网络和国际交易平台。

第三节　产业发展路径

产业发展是一个从低级向高级不断演进、具有内在逻辑、不以人们意志为转移的过程。中国数字出版仍属新兴产业，处于产业生命的成长期，具有巨大的发展潜力，但也有一系列问题需要解决。为促进我国数字出版产业的健康快速可持续发展，可选择如下的发展路径。

一、优化产业环境

1. **优化产业环境的意义**

中国数字出版产业发展面临着良好的社会环境和经济环境，总体上日趋成熟。由于出版内容产品的意识形态属性，而且同传统出版相比，数字出版产业在内容生产方式、传播渠道等方面具有独特性，政府部门对其进行了严格的调控和管制；所以，政策环境是影响中国数字出版产业发展和变动的核心因素之一。优化其发展的外部环境,主要是指针对产业发展中的环境问题,推动政府部门通过立法等手段完善数字出版法律法规等,促进产业的良性发展。

中国数字出版产业主要存在以下问题:产业链构建不顺畅,产业链上各环节不能实现共赢;没有形成成熟可行的商业模式,不利于产业的可持续发展;产业行业标准和国家标准尚未形成;版权保护机制不够完善,侵权盗版现象严重,阻碍了产业发展;人才培养机制不够灵活,导致人才缺乏制约产业发展。其中,版权制度、行业标准、产业政策等环境性制约因素非常明显,这些多数是由法规、政策的不完善引发的。虽然中国政府各部门针对数字出版产业已做了诸多工作,但仍存在着一些问题,主要表现在:一是中国没有一部有关数字出版的专门法律,立法相对分散;二是部门立法多,行业立法少;三是数字版权保护、数字化统一标准等方面制度缺失。具体表现在数字版权制度不健全,出现了"数字出版热,版权纠纷多"的现象;现有法律制度可操作性不强,给实践中处理有关数字版权纠纷带来了极大困难;缺乏统一的数字化标准,造成了资源的浪费与荒置;除此之外,未建立明确的数字出版准入许可制度,数字出版物权利管理信息立法缺失,数字出版资源的长期保存制度缺失,也是中国数字出版法律制度存在在问题。

2. 优化产业环境的具体路径

为达到优化数字出版产业发展的外部环境的目的,政府部门需从以下三个方面发力。

(1) 完善数字版权法律制度。完善数字版权法律制度,须从以下三方面入手:其一,要健全技术保护措施制度,推动数字版权保护核心技术的进步。依靠技术手段防侵权行为是较为直接和有效的方法,国外已出现了相关法律法规,如 DMCA 等,可以借鉴利用;其二,疏通著作权的授权渠道,通过集体管理组织解决目前授权模式的弊端。相关部门应推进在涉及著作权的行业建立相应的集体管理组织,完善有关著作权集体管理组织的立法等;其三,要加强授权许可、版权代理、版权认证的制度建设,努力建立起数字版权的认证机制。

(2) 健全有关数字出版的法律条文。明确数字出版相关的法律法规,须将这些法律条文进一步细化，使其具有较强的可操作性。如我国《著作权法》应不断细化采取技术措施的条件、违法破坏技术措施应承担的责任等。

（3）加快数字化标准建设。只有数字化标准统一，才能促进资源信息的畅通和市场的规范发展。加快数字化标准建设，应注意积极研究和借鉴国际先进标准，推进标准化技术的发展，并结合国内现实情况，协调政府部门，发挥企业、技术专家、标准化专家各方合力，建立起符合行业规范的数字出版业标准化体系，创造公平的市场竞争环境。

二、加快传统出版产业转型

1. 传统出版产业转型的意义

数字出版是未来出版业发展的必然趋势，这已成为不争的事实。纵观全球，国际大型出版企业基本上完成或正在加速其数字化转型。我国数字出版产业虽然整体发展迅速，但传统出版机构的数字化步伐缓慢。尽管有部分传统出版企业进行了数字出版的有益探索，例如商务印书馆、人民卫生出版社、社会科学文献出版社等，基于不同载体形式尝试性地开发了多种数字化产品，但来自数字化业务的收入微乎其微，相比国外传统出版企业，其在数字化转型推进速度较慢，总体尚处于起步阶段。当前，在全球数字出版蓬勃发展的情况下，中国传统出版产业提出要实现跨越式发展，数字化问题已回避不了，绕不过去，要想进军国际出版市场参与国际竞争，加快传统出版产业向数字出版产业的转型势在必行。

2. 传统出版业转型的路径

由于三大出版在产业结构和功能上的差异，决定了它们不同的生产经营模式和动作方式，在数字化转型中各自的侧重点和路径也应不同。

（1）对大众出版而言，由于其对应的是大众文化，要求通俗、浅白、易懂和实用。在信息技术较为发达的今天，大众出版表现出的文化消费动向会对其数字化转型产生重要影响。一般而言，大众文化消费动向呈现出娱乐化、实用化、明星化等特征。因此，大众出版的数字化转型重点在于如何让受众在多元化的娱乐方式中选择"阅读"行为，如何让受众从繁杂的媒体样式中快速、便捷地接触到内容，同时在内容的组织和策划上，强化娱乐、实用的属性，而且要顺应当前 Web2.0 群落化的特点，满足读者多元化的文化消费需求。另外，大众出版的数字化转型，不仅要注重内容竞争，也要注重技术、渠道、载体、表现形式甚至游戏规则、融合机制以及运营模式的竞争。

（2）对教育出版而言，教育出版的主要功能是提供教育内容，满足人们的知识需求。数字化的浪潮深刻影响着整个教育行业，传统教育资源的提供、管理和使用方式，数字内容的存储、传送以及表现方式，都发生了前所未有的变化。教育出版的数字化转型，不仅是对静态的教育出版内容根据知识点的整合与提升，还需要通过多媒体技术将传统教学中动态的教师的职能涵盖其中，突出教与学的互动性，并能完成教学引导、效果评价等信息管理功能，因此，教育出版的数字化转型，重点在于要将内容的结构化与教学的互动性相结合，起到"教材+教师"的双重功能。目前国外在教育出版数字化转型方面已经做了比较多的尝试，形成了较成熟的产品模式。中国部分传统出版机构亦借鉴了国外的转型特点，结合中国教育国情开发了数字出版平台，其盈利模式也朝着需求服务模式与增值服务模式方向发展。

（3）对专业出版而言，专业出版满足人们的信息需求，立足于人们的职业提升，具有主题系列化、规范化的特点，内容与目标受众之间的针对性、匹配性很强。在三大出版数字化转型中，专业出版是数字化技术的最大受益者，也是数字化转型程度最高的出版类型，特别是学术出版，无论国内还是国外，都已形成了较为清晰的商业模式。一般而言，在数字化时代，诸多传统的专业出版商都将自身定位于"信息服务提供商"或"科技信息解决方案供应商"，因此其数字出版已经不再是简单地向用户提供数字化的文本信息，而是从需求入手，替用户思考，筛选出有价值的信息，为用户提供解决方案。这也是专业出版数字化转型的关键：给用户提供系统性的附加服务，为用户创造附加价值。

三、优化产业组织

1. 优化产业组织的意义

产业组织优化，是指以塑造有效竞争的市场为目标，促进产业组织向着这

第七章 我国数字出版产业发展的目标、原则和路径

一目标深化。具体来说，即在具体产业内形成有效的竞争环境，在保持市场机制下的竞争活力的同时，通过市场结构的调整和企业行为的优化，使产业内的有限资源得到合理配置和有效利用。理论和经验均已表明，产业组织优化政策不仅可以促进产业内部的有效竞争和资源配置效率的提高，而且也是推动产业持续、高效成长的重要途径。

在中国数字出版产业高速发展期，产业组织仍处于一种低级化，不合理的状态。体现为：第一，行业集中度低，企业规模普遍较小。由于数字出版产业的高投入、高风险，整体而言对规模经济要求较高，但中国数字出版产业的企业规模目前还难以达到合理的程度，并且布局十分分散。第二，社会化协作体系不够完善，专业化水平较低，企业小而全，各地区重复建设，造成资源浪费，并且自成体系，结构趋同，没有形成良好的市场竞争环境。所以，优化产业组织中国数字出版产业结构升级、塑造有效竞争市场、提高产业竞争力的必要途径。

2. 优化产业组织的方法

根据中国数字出版产业的现实情况，用产业组织的优化来实现产业结构的高速和升级应以大企业为主体，中小企业通过与大企业建立良好的分工协作关系，实现大、中、小企业的共存，同时对数字出版产业实行不同的进入、退出壁垒政策。

（1）通过培育主导性大企业促进产业组织优化。扶持一定数量的主导性数字出版大企业是实现整个数字出版产业发展目标的重要保障。在培育和发展大企业方面，有两种选择途径：一是由大到强，二是由强到大。目前中国数字出版产业注重追求企业规模的增长，但并没有增强竞争力。为此，中国数字出版产业应着眼于企业的由强到大，以强势企业为核心，促进各种资源要素向强势企业集中，推动资源的优化配置，在强的基础上实现大。把数字出版企业做大做强，还必须注意以下几方面：第一，真正贯彻市场经济原则，坚持企业主体，市场主导，政府引导；第二，自我成长与合力成长相结合，加强与跨国公司合作，借外力促发展；第三，进行体制结构调整，实现企业体制的再组织。

（2）优化大、中、小企业的共存条件，促进产业结构优化升级。中小企

业为数字出版产业的发展做了不可磨灭的贡献。为中小企业的生存和发展创造良好的环境，与大企业共存共生，是中国数字出版产业可持续发展的重要保障。为此，必须完善市场建设，使大企业与中小企业共存模式的调节以市场机制调节为主，发挥市场的主导作用；必须优化共存单元，在培育大企业市场主体地位的同时，亦应赋予中小企业平等的地位，保护中小企业利益，修订《企业法》，使其成为所有企业的准则，简化企业的开办手续，杜绝乱收费等；必须强化有效竞争，在有效竞争环境下，大企业与中小企业共存具有良好的外部经济效应，为此须加快开放的速度，降低企业的行政性进入壁垒，同时亦应加强行业协会的建设，规范企业行为，避免过度竞争等。

（3）推进产业集群化发展，提升数字出版产业国际竞争力。产业集群是中国产业组织优化的一种新选择。产业集群对市场结构而言，有利于形成对外适度垄断、对内充分竞争的集群式市场结构，同时有利于形成适度的产业进出壁垒和以质量为基础的产品差异化优势。总之，产业集群能够有效地推进市场结构的优化升级，促进资源的有效配置和利用。对中国数字出版产业而言，必须继续推进产业集群发展，促进数字出版基地和数字出版产业园的发展壮大，为此，必须优化数字出版产业集群发展环境，强化政府管理与协调职能，提升非政府组织的战略地位；必须理顺数字出版产业集群内部组织结构，促进产业集群优化升级；必须加大研究与开发投入，完善产业集群创新机制，提高集群创新水平。

四、促进产业融合

1. 产业融合的意义

产业融合指的是在技术革新的推动下发生的不同产业或同一产业间边界的模糊化和产业重组的动态过程，它是实现规模经济与范围经济、降低成本、优化市场结构、提高市场绩效、促进竞争合作与产业升级的有效途径。产业融合发端于技术融合，进而要逐步实现业务融合以及市场融合，其实质由是产业间分工的内部化。

数字出版的产业融合由技术推动下的媒介融合发展而来，属于媒介产业融合。对媒介融合，整体而言它改变了传媒行业的技术、产业、市场、体制和受众这五者之间的关系，其本质并不仅仅是一个简单的技术转变，而是制度经济框架下的产业转型，它是一个过程，而非终点。媒介融合对数字出版的影响表现在新媒介出现以后，从技术层面上讲，作为出版核心的内容的传播途径得到了新的扩展和聚合。数字化了的出版内容通过互联网技术、云技术、多媒体技术、移动通讯技术等整合、多媒体化后按不同载体要求进行传播，从而呈现出"多功能性"、"多媒介性"的特征。媒介产业融合则表现在以报纸、广播、电视为代表的传统媒介与以互联网、手机为代表的新媒介之间的融合上。按照媒介产业融合的基本理念，数字出版产业实际上可以看作是不同媒介产业融合的结果，它既可以被视作多种数字媒介形式和数字出版组织企业的经营模式，又可以被视作出版内容在传统纸质媒介与互联网等新媒介等融合后的呈现形式。

中国数字出版产业主要由传统出版企业与IT企业两类主体参与，因此形成了出版企业主导的数字化改造和IT企业主导的数字出版这两条数字出版产业发展路径。但在中国出版企业主导的数字化改造的发展路径中，其数字化改造多是形势所迫，真正取得成功的很少。而由IT企业转化而来的数字出版企业则凭借技术上的优势，迎合了数字时代的发展趋势，以提供数字化的阅读服务与体验为经营手段，从而成为数字出版的主体企业之一，出现一批中国国内较知名的数字出版企业及产品。但是这一发展路径并没有形成了合理的数字出版产业链，由于版权、内容、渠道等种种问题，产业链各环节上的企业并没有形成合理的利益分配机制，造成了"一家独大，赢家通吃"的局面出现，产业生态极其恶化，很不利于中国数字出版企业的进一步发展和壮大。由此可见，中国数字出版产业形成的两条发展路径都存在着缺陷，需要探索新的发展路径。在目前产业融合的大背景下，结合国外的数字出版产业所走过的发展道路，可以知道，促进产业融合，特别是出版产业与IT产业的融合，将是中国数字出版产业发展的必由之路。

2. 产业融合的实现路径

数字出版产业是出版与IT等产业在数字技术影响下相互渗透、相互交叉而逐步形成的新兴产业。对其而言，促进产业融合意味着促进出版产业与IT

产业的融合。出版产业与IT产业的融合并不仅仅是技术上或业务上的简单结合、交叉，更是产品形式、生产理念、业务模式、业务流程、盈利模式甚至产业特性的融合与改变，从而达到市场的融合。产业融合对实现数字出版产业的发展具有重要意义，其不仅能解决传统出版企业的技术难题与数字化问题，亦能解决IT企业优质内容匮乏的现状，帮助二者实现资源互通有无、优势互补，逐渐降低二者存在的市场壁垒，模糊产业边界，从而推动数字出版产业诸多问题的解决，提高数字出版产业的国际竞争力。

数字出版的产业融合必须以解决数字出版产业现存问题及促进其发展为目标，最终应落实到具体的产业决策和举措之中，结合产业融合的相关理论知识，我们认为促进产业融合的路径有：

（1）企业的跨产业并购。并购是企业为取得其他企业的经营权或全部、部分的所有权而进行的兼并与收购行为。企业进行跨产业并购不仅能实现多元化经营与规模效应，降低经营成本，更能"促使不同产业出现业务融合现象，降低各产业之间的进入壁垒，导致不同产业之间的传统边界模糊，进而促进了产业融合的产生"。国际和中国国内，都已出现出版产业内的并购事件，但由于政策、资金等限制，跨产业的并购十分罕见。然而跨产业的企业并购是实现出版与IT融合的最便捷途径。因为数字出版产业融合了出版与IT两大产业的特性，但二者却存在很大差异，按企业的正常发展，其中任何一方的企业都很难在短期内兼具两者特性。而企业的跨产业并购则能够使其快速掌握另一产业发展所需的资源与能力，在短期内兼具两种产业特性，同时通过整合并购后的资源来促进业务的融合并逐步实现市场的融合，从而推动出版业与IT业的融合速度。

（2）战略联盟。战略联盟指的是出版企业与IT企业为了某种共同的战略目标而采取的实现技术资源共享、优势互补、风险共担、利益共享的相互合作行为。出版企业与IT企业的战略联盟能实现优势互补、资源共享，并通过战略合作逐渐弱化双方的差异性，模糊产业边界，同时能较好地解决目前出版产业与IT产业融合过程中存在的利益分配问题与互信问题，实现二者融合。

（3）建立数字出版产业集群区。通过建立数字出版产业集群区，将与之

第七章 我国数字出版产业发展的目标、原则和路径

相关的出版企业和 IT 企业相对集中在某一特定区域，有利于降低交易成本、促进资源整合、实现资源优势互补、延伸产业链、优化产业结构、提升产业的竞争力与企业间的协作能力，为双方战略合作与相互融合提供平台，进而促进出版企业与 IT 企业的技术融合与业务融合，最终实现出版与 IT 的融合、数字出版产业的发展。

（4）统一技术标准。产业融合首先是要技术融合，为此必须解决技术标准问题。"标准的制定是一个行业有序、规范、迅速发展的根本保障之一，在数字出版领域，格式的不统一成为行业之痛。"当前中国数字出版界，不同的数字出版产品形式具有不同的编码格式，而同一种形式其格式也不尽相同。就电子图书而言，其格式就多达十几种，例如 Adobe 公司的 PDF 格式、OEB 组织的 OEB 标准、方正 CEB 格式、超星 PDG 格式、中国知网 CAJ 格式等，这种状况造成了数字出版技术标准的混乱，同时由于相互无法兼容，既给读者阅读带来不便，造成了资源浪费，又给企业间合作带来障碍，阻碍了产业融合，因此，推进数字出版产业技术标准化已成为数字出版产业发展的首要任务。

五、加快国际化进程

1. 国际化的意义

在传播技术的推动下，麦克·卢汉所预言的"地球村"已经成为了现实。曼纽尔·卡斯特通过其三部曲论证了网络社会的崛起，而且，他指出，网络社会建立在信息和传播技术与社会整体之间互动的基础上，呈现出全球化的特征。毋庸置疑，中国亦是个网络社会，业已处于全球性的互相依赖之中。纵观国际发展局势，合作共赢已成为当今时代发展的主题，只有合作才能带来更多机遇，开拓更多市场，充分分享人类更多文明成果。

对中国出版业而言也是如此。作为拥有 13 亿人口的大国，巨大的文化消费潜力和创造潜力成为国际出版业繁荣发展的重要基础，同时，中国出版业的进一步发展也需要世界的经验和技术，需要更广阔的国际市场。基于互联网和移动互联网技术的数字出版，与生俱来就具有跨行业、跨地域、跨国界的特性。这意味着，国际数字出版产业的参与主体们将会在一个共同的市场上展开

竞争，同时也比以往任何时候都更需要加强合作。只有通过合作，才能应对发展中出现的共同问题，才能化挑战为机遇，才能实现共赢。

2. 加快国际化的举措

当前，中国出版业在迈向国际化进程上已开展了不少工作，并取得了一定的成就。具体表现在：在合作出版方面，中国出版业已经从过去单一的图书出版合作模式走向包括图书、期刊、数字出版产品等在内的多种出版物形态的合作；在版权贸易方面，版权引进和输出的品种、数量、结构和范围都出现了不同程度的增长；在实物出版方面，一批高质量、有影响的出版物被成功引进或输出；在项目合作方面，中外出版企业共同合作开发的出版项目和种类越来越多；在资本合作方面，中外出版企业采取参股、联合、重组等方式做大做强的案例越来越多，双方合作的深度和广度正在不断扩展；在人才培养方面，中国政府分别与美国、英国、德国、法国、荷兰、日本等国家达成出版专业人才互相交流与培养计划。

中国出版业在走向国际化的工作中已积累了不少经验，这为中国数字出版产业加快国际化进程提供了参照。

整体而言，中国数字出版产业欲进一步走向国际，仍须继续扩大版权输出与对外合作出版的区域和范围，加强与全球性和区域性大型数字出版企业的合作，并通过独资、合资、合作等方式，扩大境外投资，参与国际资本运营和企业管理。

对政府而言，应继续制定和完善推动数字出版产业发展的系列政策措施，加大对数字出版领域国际联合攻关的重大工程与重大项目、重要技术与重要标准等的资金扶持力度，不断推进数字出版产业健康快速持续发展；除此之外，应保障数字出版企业的市场主体地位，推动中外出版企业继续扩大在数字出版各领域的全方位合作，鼓励中外出版企业充分利用互联网、各种移动终端等新载体、新平台，开拓新的合作领域和合作方式，拓展新的合作渠道。

对企业而言，应继续加大与国际出版业者的合作力度，围绕数字出版资源的开发与利用、数字出版产品的合作与推广、数字出版关键技术的研发与攻关等方面展开。

第八章　我国报业网站发展现状及对策
——以北京地区为例

从传媒业的角度来看，网络化是数字化发展的较高阶段，同时也是报业数字化发展的一个重要方向。作为中国的新闻出版业中心，北京地区的报业网络化发展起源于20世纪90年代初期，至今已经历了20多年快速发展的历史，处于全国领先地位，但与世界上发达国家相比，仍有很大差距，仍面临着转变发展观念、探索盈利模式等方面的问题。

第一节　北京报纸的网络化生存

网络化是报业数字化发展的一个重要方向。目前北京地区的绝大部分报纸（社）都建有自己独立的网站，所以，网站是北京报业网络化生存的最主要形式。

一、报纸网站的传播特点

1. 报纸网站的特点

本课题所研究的报纸网站是指依托传统报纸资源，充分利用网络传播技术优势，传播新闻资讯、提供信息服务的一种新型网络媒体。其内涵可以从以下四个方面来理解：

（1）在传播属性方面，报纸网站属于网络新闻媒体，与报纸媒体、广播媒体、电视媒体都不属同一范畴，它是"第四媒体"的一种，具有互动性、时效性、丰富性等特点。

（2）在传播功能方面，报纸网站除了具备新闻传播功能之外，还有很强的娱乐功能和互动功能。比如，很多报纸网站都开设了"论坛"、"聊天室"、"邮箱"、"检索"等多功能服务。

（3）在传播内容方面，报纸网站拥有商业网站所不具备的新闻采访权和发布权，新闻信息具有很强的权威性。

（4）在传播特色定位方面，报纸网站往往是报纸原有品牌的网络延伸。

2. 报纸网站与其他网站的区别

从新闻传播的角度看，在互联网上最具影响力的网站主要有三类：一是传统新闻媒体网站。即报纸、杂志、广播电台、电视台、通讯社所建立的网站；二是没有传统新闻媒体为"母体"，以发布新闻为主的网站。包括网络报刊、网络广播电视台、网络通讯社等；三是如新浪、搜狐、网易等商业门户网站或综合性网站的新闻频道。

目前，商业门户网站是传统新闻媒体网站的主要竞争对手。它的优势主要体现在三个方面：第一，财力、物力、人才和技术优势明显；第二，新闻整合能力强；第三，盈利模式多元化，经济效益好。商业网站都具有电子商务、无线增值等服务，经营模式灵活，因此相比报纸网站而言，经济效益较好。

相对而言，报纸网站也具有得天独厚的优势：第一是政策资源优势。传统媒体办新闻网站可以得到政府的鼓励和支持，综合性非新闻单位网站只能转载新闻单位发布的新闻，而没有自行采写权。根据国家政策法规的规定，综合性非新闻单位只能登载省、自治区、直辖市以上新闻单位发布的新闻。第二是原创信息资源优势。传统媒体一般具有较为丰富的原创信息资源和通畅的信息渠道，它们可以最大限度地为自己的网站提供大量的原创新闻。第三是人才资源优势。报社拥有一支政治素质和业务水平都较高的编辑记者队伍，极具职业素养的专业新闻人才和良好的工作氛围，为报纸网站制作出具有吸引力的高品质新闻信息提供了保证。第四是公信力优势。传统报业的社会公信力可直接移植到该网站，使得双方都赢得更高的信任。报纸网站的这一背景优势，是商业网站或其他类型的网站所不具备的。

3. 报纸网站的分类

总的来看,目前报纸与网络的结合方式大致可以分为三种模式。

(1) 报刊网络版。即报纸在互联网上建立一个网页或者网站,将自身内容原封不动地搬上网络,不再提供其他的新闻和信息服务。比较典型的如《纽约时报》最初的网络版,早期《中国贸易报》电子版等。

(2) 独立化报纸网站。即报纸在互联网上建立一个网站,保留原有报纸内容的同时,还提供相关的背景资料和服务信息。该模式注重强调办报特色,在提供报纸网络版的内容时,也不是原样照搬,而是经过二次筛选、编辑。如《光明日报》、《中国青年报》网站等。该模式的发展目标在于建成综合性的信息平台,追求大而全,报纸印刷版的内容只是其中一个组成部分,所占空间比例并不高,提供更多的是包罗万象的信息服务。

(3) 大型新闻网站。即多家报刊联合建立而成的大型新闻网站,如人民网、千龙网、京报网等。

二、北京地区报纸网站发展历程

北京的报纸网站几乎与中国互联网事业同时起步。1995年5月17日世界电信日这一天,中国邮电部宣布向国内社会各界公开提供所有互联网业务。1995年10月20日,《中国贸易报》率先将自己的新闻信息搬上了互联网,成为我国传统媒体网上发展的先驱。此后,北京各大报纸纷纷开始建立自己的网站。在过去的十几年里,北京地区报纸的网络化发展经历了以下四个阶段。

1. 起步阶段 (1995年10月~1997年5月)

这一阶段由于多方面的原因,北京报纸网上发展进程缓慢,整体水平低。据国务院新闻办1997年10月统计数据,到1997年5月为止,全国以各种形式上网的报纸不足36家,其中北京地区的报纸占大部分,不仅包括面向全国发行的中央级报纸,如《人民日报》及其子报、《经济日报》、《金融时报》、《China Daily》、《计算机世界报》等全国知名报纸;还包括《北京日报》等地区性报纸。这些网上报纸一般无独立域名,如《北京日报》、《经济日报》等,包括最早上网的《中国贸易报》也是依托"易迈"网络公司的网站发布新闻。

另外，除了《人民日报》等极少数报刊能够保证定时更新之外，绝大多数上网报刊不能保证定时更新，有些报刊包括中央级报纸甚至长达数月不对新闻进行更新，至于交互功能、数据查询功能等服务功能更是少见。此间中国新闻媒体的上网运行处于完全的自由选择状态。媒体上网不需要任何行政机构审批，也没有任何部门对网络新闻传播活动进行任何规范。这种状况直到1997年5月，国务院新闻办下达《利用国际互联网站对外新闻宣传的注意事项》（国新办发文［1997］1号）后方有所改观。

2. 加速阶段（1997年6月～1999年12月）

这一阶段是我国报纸上网发展加速期，其特点主要有三：第一，上网报纸数量激增。据中国互联网络信息中心（CNNIC）统计，截至1998年底，我国有127家报纸上网，到1999年6月，我国上网报纸达到273家，约占全国报纸总数的七分一，而到1999年底，中国上网报纸已经接近1000家，其中42.6%的报纸网站有独立域名。第二，新闻时效性增强。这一时期我国报纸网站已经十分注意在网站上及时更新新闻。《人民日报》网络版1997年1月1日正式开通时每日更新1次新闻，到1999年后，周一到周各类新闻已做到从凌晨4点到晚上9点每小时更新一次，在中国驻南斯拉夫大使馆被炸期间，《人民日报》网络版每天的更新次数最高达27次。第三，积极拓宽服务内容和方式。报纸网站的互动功能和动态数据查询功能得到良好的开发与利用。《人民日报》网络版为1999年5月北约轰炸中国驻南大使馆事件开设了读者论坛，都引起了很大社会反响。《人民日报》网络版建立了对读者全方位开放的网上动态数据库，读者可以通过"全文检索"功能，查阅1995年以来《人民日报》上发表的任何一篇文章。此间，报纸网站还开始尝试传播多媒体信息，提供音频新闻和视频新闻。

3. 独立与联手合作阶段（2000～2006年）

2000年是互联网业的严冬季节，受美国纳斯达克股市低迷的影响，网站倒闭裁员的消息在世界范围内此起彼伏。然而，在这个特殊时期，我国报纸网站纷纷告别"网络版"或"电子版"，掀起了一场我国报纸网站发展史上的"独立运动"。《电脑报》网站"天极网"在这场运动中扮演着旗手的角色。正

第八章 我国报业网站发展现状及对策——以北京地区为例

是由于它于2000年伊始,以天极信息发展有限公司的名义宣布启动和拓展全国市场,标志着我国报纸网站迈进新的发展阶段。从全国性报纸来看,首先是《光明日报》实施"光明百网工程"共同构成综合性"光明网";随后《中国青年报》在正式推出"中青在线"之际,宣布网站由北京中青在线网络信息技术有限公司经营,按市场规则独立运作;而《人民日报》把原有的网络部改为网络中心,将全社会的优势都集中起来发展网络中心,并对外推出"人民网"。在形式上,地方性报纸比全国性报纸网站更灵活。如《中国计算机报》推出"赛迪网"、《证券时报》推出"全景网"、《中国经营报》和《精品购物指南》联合推出"中国商务在线"、《财经时报》、《证券市场周报》和《财经》月刊共建"和讯中金网"、《北京日报》等九家市属新闻媒体与一家国际文化传播中心及一家信息技术公司组建"千龙新闻网"。进入2000年,我国报纸网站这一系列举措的确让我们耳目一新。

和以前网络版或电子版比较起来,这些"新生"网站有着显著的特点。第一,实行公司化运作。综观这些报纸网站,大多是以成立新的公司作为网站的经营主体。《北京青年报》网络改版,宣布由新成立的北京青年报网络传播技术有限公司负责其经营。第二,经营意识增强。《中国青年报》的"中青在线"推出了"中青购物","赛迪网"推出了"赛迪商务网"等,其设想就是通过内容吸引注意力和通过服务培育忠诚度,然后转化成商业价值;《人民日报》网站为用户提供免费的电子邮箱,密切自己与用户的关系。第三,原创内容增多,网站内容变得丰富而有特色。以2000年4月改版后的"人民网"为例,它的新闻内容中,《人民日报》母报信息占1/3,兄弟报纸1/4,而将近1/2的网络原创信息由《人民日报》记者专门为网站供稿,每逢有重大活动,"人民网"都会派出其"网络记者"。而且,根据社会热点和网民需求,人民网不断推出新的专题栏目和专题网站,比如"强国论坛"、"中国人大新闻"专题网站、"中国地方新闻联报网"等。《电脑报》"天极网"的内容85%来自于广大受众,另外还有10%左右的合作厂商资料、专栏作家供稿等。报纸网站要成为新媒体就必修拥有自己的声音,而独立的采编力量又是基础条件之一。"千龙网"在成立之初曾大做广告招聘网络记者,以配备记者对特别事件和突发性新闻事件进行快速的独家采访报道。

4. 媒介融合阶段（2006年8月至今）

2006年8月，新闻出版总署报纸期刊管理司发布了《全国报纸出版业"十一五"发展纲要（2006～2010年）》，同时启动了传统报业向数字报业转型的"数字报业实验室计划"。这无疑意味着，报业要开拓媒介融合的发展经营道路。传统报业向数字化转型最核心的一点，在于报业经营模式的转变，即从传统的"二次售卖"经营模式转变为多介质融合互动的综合信息服务经营模式。所谓多介质融合互动的综合信息服务经营模式，是指打破媒介界限，传统报业向新兴媒体领域延伸，将整合的新闻信息生产方式变为多介质形式，如网络报纸、手机报、电子报纸等形式。报纸网站是报纸借助自身内容优势与网络紧密结合的产物，正体现了这种多介质融合互动的综合信息服务经营模式，是实现数字报业的有效形式之一，是报业转型的典型。报纸网站以传统报纸为母体依托，两者相辅相成，在当今的传媒环境下，只有处理好两者的关系才能实现双赢。

第二节　调查报告：北京地区报纸网站建设现状

报纸网站是传统报纸与新兴网络媒体融合的一个重要产物，它一方面保留了传统纸质报纸所有的主要功能；另一方面又融合、发展了网络媒体的诸多功能，从而使之成为一种具有独立形态的新型媒体。然而，传统报业与网络的融合是一个历史过程，不同报社对新媒体的理解、数字化发展阶段等方面的不同都会影响报纸网站功能的发挥。作为中国的新闻出版业中心，北京的报业数字化基本上处于全国领先地位；但与世界上发达国家相比，仍有很大差距。为了比较全面、深入地掌握北京地区的报业数字化现状，进而把握北京乃至全国的报业数字化发展趋向，2009年7月初，我们对北京地区报纸网站的功能情况进行和调查和分析。现对调查情况进行报告。

一、调查的背景和方法

1. 北京地区报纸出版基本情况

据《2009中国新闻出版统计资料汇编》公布，2008年北京地区共出版报

第八章 我国报业网站发展现状及对策——以北京地区为例

纸 259 家（其中中央级报纸 224 份，北京市级 35 份，其出版周期构成结构如表 8-1 所示。

表 8-1　北京地区报纸出版情况　　　　　　　　单位：份，%

	日刊	周六刊	周五刊	周四刊	其他	总数
中央	21	18	29	9	147	224
北京	9	2	3	1	20	35
小计	30	20	32	10	167	259
百分比	11.58	7.72	12.36	3.86	64.48	100

资料来源：2009 中国新闻出版统计资料汇编

2. 报纸网站的功能

从报纸网站的发展历史看，报纸网站的功能随着互联网技术的发展而不断丰富，但到目前为止，它仍具有明显的融合性或交叉性媒体的特点：即兼具传统报纸和新型网络媒体的特点。首先，报纸网站具备传统报纸的基本功能，即传播信息、提供娱乐和获取利润，当然，这些功能的表现或实现方式因网络而发生了巨大变化；其次，报纸网站具备网络媒体的互动、信息导航和搜索功能；此外，还包括二者融合而产生的传统报纸的形象展示功能。当前，这些功能及主要表现形式如表 8-2 所示。

表 8-2　报纸网站功能表

序号	功能	功能表现	功能说明
1	信息传播功能	信息更新速度	
		信息表现方式	（如：文字、音频、视频）
		往期报纸回溯	有无
		数字报格式	HTML、PDF、CEB
		传播方式	在线、桌面下载、无线下载
		信息来源	本站原创、转载本报、转载其他媒体
		版权说明	

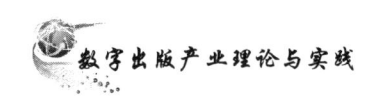

续表

序号	功能	功能表现	功能说明
2	盈利性功能	广告	浮动广告、分类广告、横幅广告
		广告表现形式	图片、文字链接、FLASH动画、音频、视频
		电子商务	
		付费下载	当期报纸、往期报纸、其他内容
		收费性资讯	生活指南、各类消费场所索引
3	交互功能	个人媒体	博客、播客、掘客
		交流功能	交友、社区、论坛
		通信功能	邮件、即时通信
		报社与受众的互动	在线投稿、在线订阅、在线留言、在线调查、RSS订阅、活动在线报名、在线招聘
		用户控制	翻页功能、返回上一级、退出功能、字体缩放、自动滚屏、帮助功能、相关文章链接
4	报社形象展示功能	报社组织、领导	
		历史、理念、文化等	
5	娱乐功能	游戏	在线游戏
		阅读	电子书
		视频	动画、视频节目访谈、影视剧
		音频	音乐、笑话、短剧等
6	导航和搜索功能	导航功能	版面导航、标题导航、日期导航
		搜索功能	关键词、高级搜索

3. 调查的实施情况

课题组根据报纸网站的功能及其具体表现形式制订"北京地区报纸网站功能调查表",然后指导并带领北京印刷学院2008级数字出版专业本科生进行网络调查。在调查时,先根据北京地区的报纸名录称在网络上搜索各个报纸网站,然后点击进入报纸网站,进入后,根据调查表的各项细分功能进行逐项测试并填表。这次调查获得有效样本177份,占北京地区报纸总量的69.14%,

第八章 我国报业网站发展现状及对策——以北京地区为例

符合统计学要求。在有效样本中，有139家报纸已经建立网站，占有效样本的78.5%。

二、北京地区报纸网站调查结果分析

1. 报纸网站信息传播功能

信息传播是报纸网站最基本、最重要的功能之一。

（1）网络新闻及时、迅捷传播的优势没有充分发挥。从信息更新速度来看，将近1/3的报纸网站实现了信息的即时更新，每天更新一次以上的约占27%，仍有40%多的网站不能实现信息的每天更新，具体数据见表8-3。这表明，新闻网站传播信息及时的优越性并没有体现出来。更为遗憾的是，有少数报社因担心纸质报纸的发行量受到影响，而有意推迟了其多媒体数字报纸的更新时间，这明显忽略了多媒体数字报纸的传播优势，使其沦为纸质报纸的点缀或附属品。同时，在线直播是传统的传统报纸不可具备的一项功能，报纸则可以完全通过文字在线直播和视频在线直播的形式弥补这一缺陷。但实际上，采用这种报道形式的报纸网站只占32.41%，67.59%的网站没有在线直播的信息传播方式。

表8-3 北京报纸网站信息更新周期

信息更新速度	百分比
即时	32.87
每天两次或以上	6.29
每天一次	19.58
每周两次或以上	11.19
每周一次	16.08
其他	13.99

（2）信息表现方式的多媒体化程度低。数字媒体的特点是集图片、文字、声音、视频、在线直播于一体，从而使信息得到全方位的传播。在被调查的报纸网站中，具备音频播报功能的只占9.03%，具备视频播报功能的占

26.39%。视频与音频同时具备的网站更少。具体数据见表8-4。

表8-4 北京报纸网站的信息表现方式

信息表现方式	百分比
音频	9.03
视频	26.39
无	68.06

（3）大多数报纸网站的浏览格式与传播方式单一。目前，网站上的多媒体数字报纸主要通过 HTML、CEB、PDF、EXE 四种格式来展现数字内容，采用 HTML 格式的网站最多，占72.58%，其次是有23.39%的网站用 PDF 格式，采用 CEB 和 EXE 格式的网站很少。具体数据见表8-5。

表8-5 北京报纸网站的数字报格式

数字报格式	百分比
HTML	72.58
CEB	4.03
PDF	23.39
EXE	2.42
其他	12.10

同时，调查结果显示，所有被调查的报纸网站均可在线浏览。但具有一种在线浏览格式的约占60%；具有两种在线浏览格式的有占约37%；没有一份多媒体数字报纸同时具有三种或四种在线浏览格式。具体数据见表8-6。

表8-6 北京报纸网站的信息传播方式

信息传播方式	百分比
在线	100
桌面下载	19.59
无线	2.70
电子纸或阅览器	14.19

第八章 我国报业网站发展现状及对策——以北京地区为例

(4) 信息来源主要依赖母报，且信息渠道相对单一。调查结果显示，报纸网站的信息来源呈现出多元化发展趋向，除了65.31%的网站转载本报信息外，还分别有37.41%和21.09%的网站采用原创信息和其他媒体的信息。但渠道仍较单一，80%的网站只有一种信息来源渠道。同时，大部分网站在刊登信息时注重版权，或注明信息出处，或发表版权声明；但仍有1/10左右的网站没有任何版权说明。具体数据见表8-7和表8-8。

表8-7A 北京报纸网站的信息来源（多选）

信息来源	百分比
本站原创	37.41
转载本报	65.31
转载其他媒体	21.09

表8-7B 北京报纸网站的信息来源的个数

选项个数	百分比
1	80
2	13.80
3	6.20

表8-8 北京报纸网站的版权说明方式

版权说明	百分比
注明信息出处	35.86
版权声明	58.62
无	11.72

(5) 采用多语种传播的网站极少。互联网全球传播的特点可以弥补传播媒体传播地域性限制的不足，但语言仍是新闻信息全球化传播的重要障碍。所以，在中文之外采用其他民族的语言文字，尤其是世界性语言文字，无疑会大

大提升报纸的全球传播效果。但是，绝大多数网址只采用一种文字：简体中文，采用两种以上文字传播信息的仅占不足8%。具体数据见表8-9。

表8-9（A） 北京报纸网站的文字（多选）

文字种类	百分比
简体中文	96.60
繁体中文	2.72
英文	7.48
其他	2.04

表8-9（B） 北京报纸网站的文字种数

选项个数	百分比
1	91.03
2	7.59
3	1.38

2. 报纸网站交互功能

交互功能也是报纸网站区别于纸质报纸的一大显著功能，使得读者和媒体的互动更加方便快捷。如果利用得当，可以同时提高报纸的经济效益和社会效益。从目前来看，报纸网站的交互功能虽得到了一定程度的利用，但尚有发展的空间。

（1）不到1/3的报纸网站提供个人媒体功能。调查结果显示，约30%的报纸网站可供用户建立个人媒体。当然，目前报纸网站的个人媒体绝大部分仅限于博客，有28.32%的网站设立"博客"频道，而设立"播客"的仅占7.06%。没有报纸网站供用户建立掘客、闪客等类型的个人媒体。这与大型综合网站百花齐放，各类个人媒体争鸣的火热局面还有不少差距。具体数据见表8-10。

第八章 我国报业网站发展现状及对策——以北京地区为例

表8-10 北京报纸网站的个人媒体类型

个人媒体类型	百分比
博客	28.32
播客	7.08
掘客	0.00
闪客	0.00
其他	71.68

（2）大部分报纸网站具有读者交流功能。有55.65%和16.13%的网站分别开设"论坛"和"社区"，还有少部分网站开始"贴吧"、"交友"等。这些功能的开设可以大大提高网站对读者吸引力。具体数据见表8-11。

表8-11 北京报纸网站的读者交流

读者交流方式	百分比
交友	1.16
社区	16.13
论坛	55.65
贴吧（说吧）	6.45
其他	32.26

（3）多半报纸网站的用户控制功能设置不完善。本次测试主要从七个方面来考查用户控制功能，即翻页、返回上一级、退出、字体缩放、自动滚屏、帮助功能、相关文章链接。测调查结果显示："相关文章链接"功能采用的最普遍，占网站总量的61.11%，其次是"返回上一级菜单"，超过一半的网站具有此功能。但是从总体来看，报纸网址在用户控制功能设置方面不完善。这七项基本用户控制功能的完善与否，将影响读者在阅读和使用多媒体数字报纸时的最直观感受。在使用一种新的阅读介质时，只有其用户控制功能人性化程度高，读者才会继续通过使用该阅读方式来获取信息。具体数据见表8-12。

表8-12 北京报纸网站的用户方式（多选）

网站的用户控制	百分比
翻页功能	39.58
返回上一级	52.78
退出功能	48.61
字体缩放	20.14
自动滚屏	25.69
帮助功能	15.28
相关文章链接	61.11
其他	22.92

（4）大部分报纸网站重视与读者的沟通。在被调查的报纸网站中，不具备任何读者交互功能的网站占27.74%；采用较普遍的互动功能的是"在线留言"，占43.80%，其次是"在线订阅"，占"35.77%"。除最基本的在线留言、在线调查外，在线招聘、在线购物、活动在线报名等互动也被一些报纸网站采用。《北京晨报》等更是推出了在线征婚的交互功能，为读者解决实际问题，拉近了读者与报纸网站的距离。具体数据见表8-13。

表8-13 北京报纸网站的互动功能（多选）

互动功能	百分比
在线投稿	30.66
在线订阅	35.77
在线留言	43.80
在线调查	25.55
RSS订阅	16.06
活动在线报名	7.30
在线招聘	14.60
在线购物	1.46
无	27.74

第八章 我国报业网站发展现状及对策——以北京地区为例

3. 报纸网站盈利功能

目前，报纸网站的盈利模式主要有三种：广告、付费阅读和电子商务。但经过调查，大多数报纸网站的这一功能都很弱。

（1）多媒体数字报纸的多媒体广告形式未得到广泛应用。广告是目前报纸网站最可能获得收益的方式之一。多媒体化有利于扩大广告的冲击力、影响力，更利于读者理解广告的宣传内容，而超链接技术又为实现即时交易提供了可能，从而使广告的价值得到极大的提升。受众范围的扩大，传播效果的增强将有助于报社提高与广告商谈判的筹码，收取更高的费用来增加多媒体数字报纸的收益。调查结果显示，大部分报纸网站都有广告，并且广告的形式差别很大。从广告的嵌入方式看，有43.28%的网站采用在报道的页面中间插入图片的"内置广告"形式，37.31%的网站采用最简洁和醒目的"横幅"式广告，而"拉幕式"、"弹窗式"、"漂浮式"等广告形式都有一些网站采用，具体数据见表8-14。

表8-14 北京报纸网站的广告种类（多选）

网站的广告种类	百分比
拉幕式广告	12.69
弹窗广告	8.21
漂浮广告	13.43
内置广告	43.28
摩天楼	2.99
横幅	37.31
其他	21.64

从广告的符号表现形态看，报纸网站多采用普通的图片（59.85%）、FLASH动画（41.67%）以及文字链接（34.09%）的形式展示广告，而采用音视频广告形式的网站几乎没有。从中我们可以看出，虽然多媒体数字报纸完全具备把广告形式多媒体化的能力，但其加工成本、社会认知程度、运营等种种原因终使各家多媒体数字报纸并没有真正广泛地利用起这项功能。具体数据见表8-15。

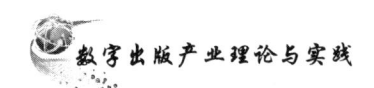

表8-15 北京报纸网站的广告形态（多选）

网站的广告形态	百分比
图片	59.85
文字链接	34.09
FLASH 动画	41.67
音频	0.76
视频	3.03
其他	12.12

（2）付费阅读的比例很低。报纸网站是否应该收费是争论已久的话题，从实际情况看，只有8.46%的网站对当期报纸采用收费下载阅读的办法，有78.46%的网站根本没有任何收费阅读的项目。这表明，报纸网站的内容经营还是一个软肋。具体数据见表8-16。

表8-16 北京报纸网站的付费阅读项目

付费阅读项目	百分比
当期报纸	8.46
往期报纸	4.62
其他内容	8.46
无	78.46

此外，开展电子商务的报纸网站只占29.55%，具体数据见表8-17。

表8-17 北京报纸网站的开展电子商务情况

是否开展电子商务	百分比
有	29.55
无	70.45

4. 报纸形象展示功能良好

作为报纸媒体的延伸，展示报社和报纸的形象应该是报纸网站的一个基本

第八章 我国报业网站发展现状及对策——以北京地区为例

功能。当然，如果网站以"新闻信息传播"为主要功能定位，这一功能也可能取消。从调查情况看，大多数网站都具有报社的形象展示，其中63.38%的网站上有报社组织和领导的介绍；66.43%的网站有对报社的历史、理念和文化等方面的介绍。

5. 娱乐功能很不充分

相对传统报纸来说，报纸网站的娱乐功能应该更加突出，以适应网络读者的阅读需求。从调查的情况看，报纸网站的娱乐功能开发得很不充分。目前，只有7.14%的网站有用"在线游戏"的功能，而没有任何游戏功能的网站占89.29%。具体数据见表8-18。

表8-18 北京报纸网站的游戏功能

游戏功能	百分比
在线游戏	7.14
其他	3.57
无	89.29

视频作为一种娱乐形式，也只有不到30%的网站采用，其中采用最多的视频形式是"视频节目"，有18.88%的网站采用，而"访谈"、"动画"、"影视剧"等形式的娱乐形式很少被采用，具体数据见表8-19。采用音频内容的网站也很少，只有不到18%的网站拥有"引用"、"短剧"等形式的音频内容。这表明，报纸网站的内容在总体上还比较单一，不能满足网民娱乐的需求。

表8-19 北京报纸网站的视频形式

报纸网站的视频形式	百分比
动画	3.50
视频节目	18.88
访谈	7.69
影视剧	2.80
其他	6.29
无	70.63

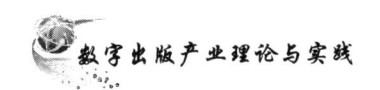

表 8-20　北京报纸网站的音频形式

报纸网站的音频形式	百分比
音乐	7.19
笑话	0.72
短剧	2.88
其他	7.19
无	82.01

6. 导航和搜索功能

导航和搜索是网络媒体特有的功能之一，它能大大提高读者获取信息的效率。调查结果显示，被调查的报纸网站中100%具备导航功能，导航的方式有版面导航、标题导航、日期导航、内容导航等，设置率最高的导航方式为标题导航，占总数的63.89%。同时，其中60%以上的网站具有两种以上的导航方式。

表 8-21　北京报纸网站的导航方式

导航方式	百分比
版面导航	58.33
标题导航	63.89
日期导航	26.39
内容导航	41.67
其他	8.33

在搜索功能上，有62.04%的网站具备关键字搜索，有22.63%的网站具备"高级搜索"功能。此外，此外其他的搜索方式，如智能模糊搜索被《通信产业报》采用。

表 8-22　北京报纸网站的搜索方式

报纸网站的搜索方式	百分比
关键字搜索	62.04
高级搜索	22.63
其他	27.01

综合来看，多数报纸网站利用了其作为网络媒体的独特优势，在纸质报纸的基础上扩大了信息量，并将内容延展、深化。报纸网站也成为了更大范围的用户了解报纸的窗口。但是从目前来看，报纸网站的各项功能并不十分完善，大多数网站并没有真正实现多媒体化。在报纸网站的功能方面还有极大的发展空间。未来值得思考的是如何在增强功能的同时，把报纸功能与经济效益、社会效益相结合，创造出更大的价值。

第三节　北京地区报纸网站发展案例分析

一、引导网络主流舆论：人民网强国论坛栏目分析

1. 发展道路

强国论坛成立于 1999 年 5 月 9 日，它的前身是"强烈抗议北约暴行 BBS 论坛"，当时成立的原因是为了抗议北约对我国驻南联盟大使馆实施的暴行。"网络版 BBS 抗议论坛"的开通，是继人民日报网络版在国内媒体中第一家网上发布中国记者采写的北约袭击我驻南使馆并造成人员伤亡的消息，第一家披露光明日报记者许杏虎、朱颖夫妇遇难的消息之后，积极展开多种形式报道抗议北约暴行的又一备受关注的重大举措。

1999 年 6 月 19 日晚 21 时，论坛正是更名为"强国论坛"。旗下分为主讨论区、深入讨论区、实名论坛、反腐倡廉、两岸论坛、海外、国际、军事、经济、法治、科教、三农、IT 等分版。"以强国兴邦，讨论时事，建言献策为宗旨的高层次、高素质的政治性论坛"成为论坛重新定位后的主题，并凭借人

民网的特殊地位将论坛办成为政府和公众提供了一种双向交流的信息平台。

十多年来,"强国论坛"以其人气旺盛、发帖量大、原创帖文多、讨论气氛浓,成为网民心目中最为活跃、最具影响力的时政论坛,是网民平等讨论、自由发帖的网上"言论特区",被誉为"最著名的中文论坛"。同时,"强国论坛"以其管理严格、审放帖文把握适度、讨论比较理性、舆论导向正确,而备受瞩目。

强国论坛发展至今其注册用户已突破百万,每天的在线用户也用几十万之多。它的发展已引起了国内外的广泛关注,日本、美国等许多国家和地区的传统媒体都对它作过报道。在2007年的6月20日,人民网成立10周年之际胡锦涛总书记做客强国论坛与网友进行在线交流。这一举动赢得了网友们的热烈支持,点击率一度达到几百万。从国家领导人到基层干部;从外国元首、外长、大使到专家学者;从先进人物、英模到企业家、工人、农民,有3000余嘉宾做客强国论坛,就国计民生、社会热点话题与网民进行在线交流。强国论坛为普通百姓提供了一个参政议政的平台,为政府打开了一扇了解社情民意、集思广益的窗口。这也正是强国论坛今后必走的一条道路。

2. 舆论引导流程

(1) 了解舆情,反映舆论。了解舆情是强国论坛的版主每天必做的功课,他们了解舆情的方式大致分为两种:第一种,传统媒体。版主会留意前一天报纸和当天的早报。版主会在今天的早报中寻找今天的新闻关注点,不一定要有多大,但一定是要有一定争议,能引起大家讨论的,另外大家还会把头天的值得关注的新闻点向大家通报,然后讨论哪些值得做后续报道;第二种,网络。版主会在开坛之前到各大新闻网站和其他的论坛寻找新闻点,留意网友们对新闻的兴趣点所在,对于关注点相同的新闻版主会汇总详细情况,把不同的观点归纳总结。了解舆情一方面是为了正确反映社会舆论,掌握群众关注点;另一方面也为论坛制作策划栏目提供信息。

(2) 分析舆情,引导舆论。强国论坛的特殊地位使得在分析及选用舆情时有着严格的要求。首先要时刻以党的意志为转移。人民日报作为机关党报,它的首要任务就是宣传党的精神,所以,对于那些符合国家政策、精神的帖文予以置顶，必要时制作特别栏目来达到共鸣的效果；其次，真实反映民情民意。强国论坛作为上层与下层沟通的桥梁，所反映的问题是人民大众心中热切呼唤的问题。版主本着这一原则大胆选择一些百姓所关注的，具有一定敏感度、有争议的问题如医疗改革等让大家在网上参与讨论；再次，版主会通过论坛制度和在网上值班时会对论坛进行必要管理，运用各种方式对舆论进行引导，通过各种机制来规范论坛，以保障论坛的平稳发展。

3. 舆论引导方式

（1）常用手段——删帖。删帖是论坛管理的一个最直接的手段，对于松和紧、张与驰的理解与运用，也直接地体现在删帖中。关于强国论坛的删帖原则，人民网负责人蒋亚平曾概括地说，总的想法是，一是只要不违法、爱国、符合人民日报网络版宣传报道的基本原则；二是只要格调健康、讲礼貌，可删可不删的，就不删。当然，有些时候，包括对于一些老是故意捣乱的人的帖子，那就是另一个标准，即可删可不删的，就坚决删。

虽然如此，但还是要具体问题具体分析。强国论坛中有的词语名字是会被屏蔽的。强国论坛的特殊地位有时会限定他们的报道立场。对于一些政治色彩比较敏感的内容，比较隐讳的内容，涉及领导人隐私、军队的内容会被删帖。强国论坛的地位及性质决定了他们的立场。除此以外，随着上网人数的增多，上网人员的素质也参差不齐，有些网友大量的恶意灌水，影响论坛的正常秩序，版主删除这类帖文，维护大家的合法权益。

（2）互动手段——在线交流。强国论坛的版主在审核网络的过程中会和网友进行在线交流，这是强国论坛的一大特色。当网友的言论带有一定极端倾向，或文字中充斥着不雅言辞可能会影响到其他人的情绪时，版主会就某个问题大家产生争执，有甚者会"大开杀戒"影响论坛的环境。版主就在其中充当着调解员的身份，版主或以真实身份调节矛盾，或换"马甲"以网友身份出现参与讨论，比如转移话题，与大家聊聊轻松一点的话题，或提出相反的观点引导大家的思路走向，使其话题向理想的方向转变。最终缓解大家的情绪，平息争端。

另外，时刻与网友互动能在第一时间掌握坛内动向，了解大家关注哪些话题，对于共同的话题大家的看法如何，并把讨论内容记录下来，可成为策划点，制作出参与性强的栏目。

（3）在线互动——专家访谈。强国论坛不定时的会请一些专家来论坛做客，与网友在线进行交流。这种与网友互动的方式更为直接、生动，有时也更有针对性。

2008年我国成功举办了奥运会。强国论坛在奥运期间进行了一系列的访谈栏目。8月8日奥运会开幕式的成功举办给人留下了深刻的印象，论坛在8月9日请到于丹老师与大家分享从儒家的角度来探讨开幕式带给大家的视觉震撼等。网友热心参与，嘉宾耐心解答，使得论坛的主题一直处于与奥运有关的话题当中，网友不自觉地谈论版主希望他们谈论的话题，在一问一答中形成良好的互动，论坛呈现出一片和谐景象，成功地引导了网友的舆论，避免了网友在敏感时刻讨论敏感话题。

在突发事件来临时，适当的邀请嘉宾可以起到稳定民心的作用。强国论坛的特殊地位造就了强国论坛的权威性，在"三鹿奶粉"事件爆发后，强国论坛及时请到了中国疾病预防控制中心营养与食品安全研究所研究员陈君石等专家与网友进行在线交流。使网友从恐慌、抱怨的情绪中解脱出来，减少了论坛中的谩骂中，成功地使网友的注意力集中在如何救治患儿的身上，安抚了网友情绪，缓解了论坛中的激动情绪。

4. 舆论引导机制

（1）设置话题。强国论坛在话题设置方面具有一定的时效性。虽然网帖的内容是网友自己写的，强国论坛的版主们无法限制网友自身的话题设置，但版主可以有选择的让一些网帖放在首页，让网友集中关注这类帖文，从而达到引导的效果。通过分析，点击率上万的帖子的内容往往是当月的重大新闻事件，版主们一般先是让新闻性质的网帖上首页，让网友了解事件的始末，然后注意观察网友的反应，反应强烈的则会进行下一步的策划，比如访谈、讨论、调查等，进而吸引网友参与，在讨论中有时形成大体一致的舆论，有时观点的交锋反而使其他公众获得启发，加入讨论，推动问题的分析走向深入，从而达到适当引导的作用，使得讨论的内容不至于太广泛。通过总结强国论坛常设的话题一般为反腐倡廉、科教兴国、台海问题、民主建设、社会热点等。

（2）社区管理。网络舆论引导的关键是对信息管理制度化、对政府信息公开化、对意见引导主动化。现在网络中传者与受众的身份没有了明显的差别，一个网民既可以是网络事件的制作者，也可以是事件的接受者和再传播者。这就需要在舆论引导中掌握意见的主动权，强调引导员遇到突发事件不回避，主动提供准确及时的参考信息，在思维上从"自上而下"强迫性引导变为"自下而上"的疏通性。强国论坛在这方面作了详细的规定，除了对社区禁止刊登的内容作了详细的规定外，还对笔名及签名档作了详细的规定：严禁使用党和国家领导人或其他名人的真实姓名、字号、艺名、笔名注册；勿以国家机构或其他机构的名称注册；请勿注册不文明、不健康的笔名等规定。

（3）冷静处理突发事件。2008年，由于法国在北京奥运会筹备过程中支持达赖的行径，破坏奥运火炬的传递，对法关系问题成为了当时中国社会舆论的热点之一。我国一些地方的民众出于对法国政府支持达赖的行径感到愤慨，提出了"抵制法货，抵制家乐福"的口号。一时间论坛中充斥着大量类似的帖文，人们都在网上发表自己对法国的这种行为的看法，情绪十分激动，面对这种负面的情绪型社会舆论，强国论坛冷静对待，理性分析，加以引导，制作特别栏目，在线与网友交流，请嘉宾谈中法关系，适当删除一些带有极端情绪的帖文，及时化解网友情绪，使这种社会舆论回归到正常轨道。

5．突出特色

（1）媒体的特别关注。随着强国论坛的发展，越来越多的媒体关注强国论坛。"两会"期间，许多报纸都争先转载强国论坛的帖文。《中国商报》对"E两会"做出评论"强国论坛推出的E提案，一旦登上历史舞台，在促进中国的政治文明和社会进步方面，有望发挥更多的作用"。同时，《澳门日报》也对"E两会"做出报道"'E两会'成为各阶层参政议政的'第三会'"。除了这两家媒体外，《法制日报》、《新京报》、《人民日报》等也对"E两会"进行报道，从而使"E两会"备受关注，也使强国论坛的影响力进一步扩大。

（2）自身的独特价值。强国论坛的出现为广大网友提供了一个表达民意的渠道。用户可以在论坛的不同主题下跟帖（文章）、提供信息，发表观点、开展讨论、用户可以匿名提供信息,既是信息的获取者,也是信息的提供者。在网络中,每个人都有可能不受政治、意识形态、技术、文字和逻辑能力、经济能力等的严格限制,真正实现个人的表达自由和言论自由。随着强国论坛的影响日益壮大,质量得到提高,整个国家的民主建设向前推进,强国论坛的讨论意见会在事件中还将发挥更为重要的作用。它打开了一条民意表达的途径,启动了一条积极的、建设性的交通通道,并成为民意汇集的一个场所。

二、报网互动的领袖:"京报网"

1. "京报网"的发展历程

"京报网"建立于 1997 年年初,成立后特别是自 2000 年 3 月北京日报报业集团组建以来,网站得到了巨大的发展。它依托集团下属的《北京日报》、《北京晚报》、《北京晨报》等 7 份报纸、3 份期刊和 1 家出版社精心打造京报网络平台,突出北京区域特色,精编细做北京新闻。"京报网"的前身是北京日报社网站,其虽是中国国内报纸单位最早建立的网站之一,但是其真正发展壮大则在 2000 年京报集团组建之后。自 2001 年开始,"京报网"多次改版,积极推进报业数字化进程,不断拓展报网互动领域。

2001 年 3 月,整合报纸资源、专注新闻与服务。这次改版使"京报网"在主页的设计上突出了北京大气富丽的特色,新增了多个新闻栏目,增强了视觉效果,运用地域新闻、领域新闻的分类,使占京报集团绝对比重的新闻资源得以整合。

2005 年 7 月,明确网站定位、增强互动功能。更加注重强势新闻报道和突出北京特色是本次改版的重点,同时也增加了网民互动频道。

2006 年 5 月,梳理报纸资源、开发网络功能。这次改版着重于发挥网络优势。首先,为《北京日报》、《北京晚报》、《京郊日报》电子版增加了可视化的 PDF 浏览功能,把新闻的排列方式从原来的按栏目查看改进为按新闻的版面浏览。其次,报纸新闻检索的形式更加丰富,极大地方便了网民。再次,重点突出网站编读互动功能,开辟了"京报网谈"栏目。

2007 年 4 月,做强北京新闻、彰显地域特色。为了在"京味"、"京音"、

"京情"上做足文章,"京报网"把4个北京新闻栏目重新整合,将新闻板块的一级划分进一步深化,使得板块清晰、内容翔实,而且区域特色明显;把国内国际新闻整合在首页的重点位置。此外,增设栏目,深度挖掘老北京的风土人情和文化现状。

2008年7月,拓展网络优势、专题报道奥运。这次改版将"京报网"首页由窄屏变为宽屏,更加舒展大方,近1000条最新的消息即时滚动播出,极大地方便了网民。同时,为了更好地报道奥运,首页在显著位置增设了奥运专区,开辟了奥运会实时数据窗口,还增加了英文版的北京新闻和图片窗栏目。以新媒体形式出现的《奥运北京》电子杂志首次利用网络动态、交互的特点,把奥运会召开之际的全景形象地展现出来,具有强烈的视觉冲击力。

2. "京报网"的发展特点

(1) 注重报网资源整合。京报集团七报三刊一社的传统媒介资源,是"京报网"发展的依托。为了充分利用这种资源,"京报网"加强了对报纸新闻信息资源的汇总梳理,抓住大家普遍关注的新闻事件作为"主题新闻",采用多种新闻体裁做足文章,造成强势宣传效果。

(2) 发挥网络媒介优势。"京报网"利用网络图文并茂、及时快捷、便于查询等传播优势,加强对新闻题材、时事评论和背景材料的挖掘、补充和创新,增加受众对新闻的接受、理解和认知渠道,增强新闻的可读性、知识性和趣味性,用生动、贴切、深入、全面的网络传播形式,扩大新闻的传播效果。

(3) 频繁多样网民互动。"京报网"非常重视发挥网络的互动功能。利用电子邮件、QQ或MSN、BBS等方式向网民收集报道线索和素材;运用网络调查、网络投票等方式,为深度报道采集相关信息数据;用新闻跟帖、新闻评论等方式开展充分的新闻讨论;设置"读者热线"、"网民说话"等,给网民提供互动的意见表达平台;通过"网上直播"的视频对话关注新闻热点、解答网友提问;等等。各种互动方式的采取吸引了越来越多的网民登录网站,扩大了"京报网"的媒介知名度,增强了新闻传播的影响力。

(4) 凸显地域特色。几经改版后的"京报网"更加注重本地新闻资源的开发利用。大气、厚重、柔和的色彩,体现了"大北京"概念。"区县"、"社区"、"京报论语"等多种北京新闻栏目在网站首页占据了非常明显重要的位置。在新闻内容方面，与人民网相比，区域特色更加鲜明，而与新京报网和京华时报网相比，其政府喉舌和"大北京"的风格则异常突出。清晰、明确的网站定位是地方报纸网站立足的根本，"京报网"在加强区域特色方面的各种努力无疑奠定了网站发展的基础。

3. "京报网"互动传播的效果

报网互动传播已经成为一种充满生机、能产生积极社会影响的传播模式。报网互动使传统报业的新闻传播内容、传播流程和传播方式都发生了极大的变革。京报集团的报网互动在许多方面都取得了非常明显的成绩。

（1）内容传播。"京报网"依托传统报纸的信息资源，积极发挥网络的新闻传播优势。网络新媒体给予了读者在新闻阅读方面更多的选择权和主动权，各种互动专区和评报机制的运行都有助于读者参与新闻传播，这极大地推动了传统采编机制和流程的更新，促使新闻传播方式由单向向双向互动模式转变。"京报网"作为内容信息的提供平台，借助于不断更新的网络技术，使新闻内容的传播方式发生了根本性的转变。形象化的版面阅读功能，某条新闻的即时显示功能，不同的关键词检索功能，以及在线阅览、离线下载、PDF阅读等阅报方式……种种网络化的内容显示介质和信息传播模式，使《北京日报》等报纸的新闻信息以多样的方式呈现在受众面前，有效地扩大了新闻的舆论影响力。

（2）受众认同。"京报网"因其与纸质报纸新闻的同质性和网络自身的互动性特点，不可避免地分流了部分传统报纸的读者，但是也不能否定，"京报网"的发展也在一定程度上调整优化了报纸的读者结构。21世纪初，随着信息获取方式的日新月异，京报集团的新闻读者逐渐流失和老龄化，这显然不符合发行量增加的期许。因此，年轻的网络受众对报纸来说就有了极大地开发价值。网络的多样化新闻表现形式、极强的新闻感染力和冲击力是传统报纸所难以企及的，数字报纸和各种辅助阅读服务的出现，网民互动社区和论坛，或匿名或显名的编辑沟通方式等，吸引了大量的网民参与讨论，增加了网站的点击率。京报集团利用网络来推广报纸新闻产品，利用报纸来固化和吸引网络读者，从而实现了报纸和网络受众结构的更新和优化，并最终实现报纸发行量和网络点击率的双赢。

（3）品牌统一。作为现阶段报业竞争的根本，品牌营销和管理已经成为国内报业关注的焦点，媒体品牌力成为影响传媒竞争的重要方面。它是决定受众注意力的重要因素，也是媒体覆盖率和公信力的有机结合。京报集团充分利用所属报纸的品牌优势，通过"京报网"与报纸传媒在众多活动中的合作，扩展报网统一的品牌影响力。比如，"京报网"与《北京晚报》、《北京日报》等众多京城媒体合作组织 2009 年 "新中国成立 60 周年重要科技成果知识竞赛"活动，与《北京晚报》合作组织"我在找你"家庭相亲会活动等。众多报网联合的媒体活动在拓展了《北京日报》、《北京晚报》等报纸媒体品牌影响力的基础上，也建立并逐步扩大了"京报网"本身的媒介知名度和美誉度。在北京奥运会和残奥会期间，京报集团通过报网互动，首家推出了《奥运北京》电子杂志，并借助于数字化的报纸平台打造了内容全面、即时发布信息的奥运新闻频道，取得了巨大的成功：页面点击率高峰时超过 50 万，拥有近 10 万的海外固定网民。此后，在北京奥运网上宣传报道表彰会上，"京报网"荣获"积极贡献奖"。

三、行业报纸网站的盈利之道：中国电力新闻网

1. 中国电力新闻网发展背景

行业报发展新媒体的具有得天独厚的优势。中国报协行业报委员会会长吕华麟认为，行业报的特征就在于立足本行业，体现一个"专"字。其报道内容通常在本行业具有权威性、专业性和相对垄断性，其读者规模虽然相对有限，但相对固定而集中，且有主动阅读需求，忠诚度较高。充分利用好行业信息资源，对其进行深度的整理和加工，从而形成有商业价值的内容产品，对于行业报网站未来的发展意义非常明显。

目前，我国行业报网站的运营大体存在三种模式：第一是翻版模式，没有专业人员运作，是行业网站发展的初级阶段，完全是母体的电子版；只是为了宣传和扩大传统母体的影响力，不以营利为目的，基本上没考虑为受众提供更

多的网络服务，如中国交通新闻网。第二是依附模式，网站依托母体壮大业务规模，和母体实施捆绑经营；与母报采用同一套采编人员，经营权由母体报纸代理；如中国石化新闻网。第三是独立模式，是目前我国行业报网站发展的相对高级阶段，多已脱胎于母体，开始独立进行网站经营，但仍部分采用母体的内容，中国电力报社的中国电力新闻网是其典型代表。

《中国电力报》是在当时任电力部部长的李鹏同志亲自倡导下于1982年1月1日正式创办，刊期为周一刊，四开四版。以国家电力行业为依托的中国电力报社，凭借得天独厚的信息资源优势、特定的读者群市场、拥多年的行业报办报经验、一定的经济条件和比较成熟的采编队伍成为了行业报早期的"转型"企业。

《中国电力报》最早依托于电力行业，在历经十六年的探索发展后，中国电力新闻网的前身——中国电力报网络版于1998年正式创办，是当时在行业第一家经过国务院新闻办批准的新闻类的网站。《中国电力报》在成立了中国电力新网后能够灵活运用自身的多方优势，成为行业报数字化的成熟案例。

2. 中国电力新闻网的发展历程

中国电力新闻网站的建立是中国电力报社多年来重视计算机应用的必然结果。1991年，报社就引入计算机激光照排技术，后在采编业务管理中使用计算机；1996年底，《中国电力报》在众多行业报中率先建立了新闻采编网络，实现了无纸化编辑；在1997年，中国电力报社建立了中国电力新闻信息网，在网上建立了数据库并开展查询业务，同时与各网省电力公司记者站及报社实现电力新闻信息全国联网。经过7年的精心准备，从硬件设备到采编网络，都远远走在了全国行业报数字化步伐的前列。

2001年1月，中国电力报网络版第一次大改版——中国电力新闻网站正式落户互联网的大家庭。中国电力新闻网是国务院新闻办批准成立的首家从事新闻登载业务的行业新闻网站。中国电力新闻网是面向电力行业和相关企事业单位及全社会的网络新闻媒体，是电力新闻事业在网络空间的延伸。

中国电力报社2004年成立了北京国电网络科技有限公司，负责中国电力新闻网的经营。该公司于2005年获得了北京市通信管理局颁发的《ICP经营

第八章　我国报业网站发展现状及对策——以北京地区为例

许可证》。此后，中国电力新闻网不仅取得网站新闻经营许可权，还取得了互联网信息服务许可权。中国电力新闻网成为电力行业唯一同时具有新闻采写、发布、新闻登载资格和《ICP 经营许可证》的合法网站。

2006 年 8 月，"数字报业实验室计划"启动，包括《中国电力报》等在内的全国 15 家媒体以及一些电子软件开发商，成为首批试点单位。"数字报业实验室计划"的实施，为媒体行业提供了多方位有保障的领先数字技术，为行业媒体在信息资源开发、传播、整合及深加工方面提供了新的手段和思路，这对拓展行业报的生存空间有着重要意义。

中国电力新闻网作为领头的权威性业内网站，将地方新闻资源加以整合，不仅横向扩大覆盖面，还建立了行业资讯数据库，对业内行情进行纵向的深度剖析，及时更新，真正意义上实现了行业报网"为业内受众服务"的宗旨。在传播行业新闻的同时，中国电力新闻网网站积极探索行之有效的盈利模式并取得成效，2005 年中国电力新闻网网站开始自主创收；2006 年和 2007 年分别上缴报税 60 万元，2008～2009 年上缴税额已超过一百万元。

3. 中国电力新闻网的盈利模式

（1）网络广告。中国电力报总编辑白俭成介绍说，中国电力新闻网从一开始就按照行业网站的建设思路进行，没有真正意义上走"报纸电子版"这条弯路。因此在网站建设起步阶段就对信息做出了较为明确的规划和分类。盈利方式以网络广告为主，已为中国电力报社和网站创造了上亿元的营业收入。

2007 年 10 月 1 日，中国电力报社整合旗下的北京国电广告公司、北京电力广告公司、北京国电网络科技有限公司、北京国电影视公司、北京通宇计算机应用技术公司、北京中电兴艺术发展公司、北京国电信息咨询服务有限公司七家经营实体，成立了中电传媒股份有限公司。主要从事《中国电力报》、中国电力新闻网等旗下媒体的发行、广告代理和新媒体产品、信息产品、电力数据库等业务的开发与经营等。

打开中国电力新闻网首页，页面的抬头上清晰明确地将报刊广告和网络广告（http://www.cepn.sp.com.cn/ad_08/ad_08.htm）分别作出链接。报刊广告页面分别将报纸和杂志的广告位置、篇幅、时间周期列出详细价目表，让受众一目了然。而网络广告的介绍页面则更为直观、详细地把广告在不同页面的位置、呈现方式用图文并茂的方式表达（我在此不对具体的广告效果做分析）。

各媒体的受众年龄已经呈现出明显的年轻化趋势，这些"新受众"的平均年龄在25～35岁之间，处于这个年龄层的人已经深受网络的影响，无论是平时的阅读习惯，还是每天的工作内容都离不开互联网。中国电力报在了解受众市场之后，充分发挥网络这一新平台所能带来的多方优势，借助这一新的低成本直观媒介详细地介绍和推销自己。这也是中国电力新闻网短时间内实现自主创收的重要原因。

（2）实行"会员制"。中国电力新闻网目前采用的第二种主要盈利模式是发展会员。网站经过深加工各类经济新闻信息建设而成的4大类18个数据库吸引了行业内外400余家会员加盟，每年都能为网站带来显著的经济效益。这种极富行业性的会员制应该是能够被广大行业报所吸取和采纳的"一举多得"增收途径，会员的加盟，不仅会带来丰厚的利润，同时还能够吸收巩固报社的行业数据资料。

（3）经营数据库。2008年网站提出建设垂直子网站的新型盈利模式，即以中国电力新闻网为龙头，带动电力系统2400多个县级供电企业及将近1000家发电企业建设子网站，形成垂直网站系统。通过数据库共享，实现全国规模的资源汇聚、信息交互，以此绑定受众群体、扩大访问流量，使中国电力新闻网成为信息量最大的行业新闻载体和电力门户。此计划已经开始实施，目前，在天津、河北、湖南、四川、重庆、山西、宁夏、青海以及云南、贵州等地的子网站、和部分电力集团的站点已经建成并触网，数据库共享和资源汇聚的构想已初见成效。

通过以上三种主要途径，网站产品和服务从2000年年初的单一的数据库（网员）、零星广告发展到现在的数据库、网络广告、会员企业合作、报网互动、行业信息光盘、网上调查等，已经初步形成了具有相当赢利能力的产品线和服务项目。中国电力新闻网自2005年全国行业媒体体制改革后（成立了北京国电网络科技有限公司），销售收入及利润年年实现增长。2006年公司完成销售收入265万元。2007年公司顺利完成300万元经营任务。

第四节　报纸网站发展困境、趋势和策略

一、报纸网站发展困境

报纸新媒体领域一般都是从办报纸网站开始的，目前北京地区的绝大部分报社都建有网站。但是很少有网站在信息传播和经营方面取得突出业绩，绝大多数影响力和盈利水平都远逊于报业集团的其他子媒体，报纸在网站方面的产出远不能和投入相对应。据《中国记者》报道，到2010年上半年，北京市属的报纸网站中，只有《北京青年报》办的北青网和《新京报》的京报网实现了微利。可见，北京地区报纸网站在发展过程中仍然面临着很多问题和困难，这些问题和困难限制了它的进一步发展。

1. 发展理念相对滞后

互联网的发展一日千里。互联网为人们的信息交流和新闻传播提供了方便，使得新闻信息传播事业产生了划时代的飞跃，为社会进步和造福人类作出了不可磨灭的贡献。与此同时，在人们还缺乏思想准备的情况下，各类网站纷纷涌现，建网的动机五花八门。许多报纸网站最初并不是建立在对互联网这种新技术新载体深入认识基础上的，风起云涌的上网大潮凸现了"有条件要上，没条件也要上"的跟风心态。虽然建立了众多的报纸网站，但是一些报社对报纸网站发展的重要性、紧迫性的认识还有待深化，一些报纸网站对于如何充分开发网络特性的潜能，还缺乏认真的思考和明确的思路。报纸网站既然扎根于网络，就只能去适应这个虚拟社会的规律，以首先获得网络的生存权，将原有报纸内容部分或全部原封不动地搬上网的作法距离网民期望甚远，只有按照网络特性提供新闻才能使报纸网站发挥网络媒体的舆论先导作用。长期以来，报社作为政府机关下的行政事业单位，既没有建立起按市场规律运作的现代企业制度，更缺乏市场运作的经验，虽然有不少报社在生存竞争中自发地按照市场要求进行了改革，但也未有根本性的变化。总之，我国报纸网站在报纸网站建设、网络新闻规律等方面表现出理念的滞后。报纸网站发展最根本的是转变

观念，给予它明确而又合理的定位。报纸网站管理层网站建设的经营理念滞后直接导致了报纸网站发展定位不明确、报网不互动等明显特征。

2. 定位不明确

传统媒体发展的实践一再证明，科学、准确而独具特色的定位，是一种新闻媒体在激烈竞争中立足的基础。同样，作为一个网站，要想真正获得成功，必须首先对网民进行细分，并加以研究确定目标受众群，然后根据自身优势明确定位。我国报纸网站发展初期普遍没有明确的定位，只是一味的模仿和抄袭，很少做细致的市场细分工作。由于没有明确的发展定位，报纸网站同质化现象十分严重。缺乏明确定位结果导致现有很多报纸网站没有自己的特色，在目前内容过剩的局面下，缺乏特色的网站难以吸引网民，长此以往，缺乏明确定位的报纸网站避免不了关闭的危险。

3. 报网联动性差

通观北京的报纸网站，很多纸质媒体和网络媒体还是"井水不犯河水"，报纸和网站之间缺乏必要的合作。以北青网为例，尽管在每日出版的北青报头版印有"欢迎访问本报网站 www.ynet.com"的字样，但多数从其他渠道登陆北青网的人并不知道北青报有这样一个网站。尽管北青网具有制作好专题的能力，但是报纸各个版面却很少与北青网合作。另外，报纸网站往往被动等待和满足于简单地"转贴"母报的新闻，从而造成母报新闻上网之后变成"旧闻"，以及网络宣传手段简单模仿复制报纸的弊端。

4. 资金不足制约报纸网站发展

网站的建设、运营和维护需要大量的资金投入，包括购置相关的硬件设备、租用电信线路、开发相应的电脑软件等。2000年前后，报纸网站走向独立化，实行公司化运营，独立核算。但是大部分报纸网站缺乏成熟的盈利模式，网络广告、电子商务收入微乎其微。成功融资的报纸网站并不占多数，依靠报纸投资还是许多报纸网站的选择，报纸网站发展资金缺乏的困难不会短期内解决。以北青网为例，北青网一直都在跟MSN进行合作，为MSN提供资讯，MSN为北青网提供流量，是个很双赢的合作模式。但这是不得已而为之，主要就是因为网站投入不足，从开始到现在一共投入1000万元，在2002年时

第八章 我国报业网站发展现状及对策——以北京地区为例

就已经基本花光。1997年几大门户网站耗费几个亿做市场推广，但到了2002年，如果没有5亿到10亿的资金，市场都推广不下去。因此就只能借船出海，谁有流量跟谁合作，这就是北青网跟MSN合作的根源。而且，北京报业的情况跟外地有差异，北京报业的情况，可能进入了一个平台期或一个衰落期，缺乏资金投入；外地一些二线城市报纸正处于上升期，上升期就有资源来做新媒体投入。资金缺乏必然制约报纸网站发展，其主要表现在报纸网站技术含量低、新闻信息的数量和质量无法保证、市场推广不力、影响力低等几个方面。

（1）技术含量低。网络媒体本应以技术见长，但多数报纸网站受发展资金限制，技术力量都比较薄弱，大部分报纸网站连最基本的电子邮件、旧报资料查询功能都没有实现，新闻更新发布所使用的软件十分落后。缺乏雄厚的技术力量支持，互联网的即时性、海量性、交互性、娱乐性等优势就无法体现。由于网络技术落后，导致许多报纸网站发展水平不高，缺乏吸引力和社会影响力。目前，北京地区的报纸网站还处于网络版水平，像Web2.0技术、音频视频技术都没有得到有效的利用。此外，一些报纸网站还由于技术落后导致网页打开缓慢甚至无法打开。报纸网站由于技术含量低，那么在和以网络技术见长的商业网站竞争时必然处于十分不利的地位。

（2）新闻信息的数量和质量无法得到保证。报纸网站虽然拥有新闻采访权、发布权等传统优势，但是报纸网站是不同于报纸的网络媒体，它具有传播信息海量性、迅捷性的特性，因此原有报纸新闻资源远远不能满足报纸网站的需要，造成报纸网站新闻信息的数量和质量无法得到保证。这种不足主要表现两个方面：一是网站新闻信息内容缺乏；二是新闻更新速度缓慢。像人民网、新华网等报纸网站拥有规模庞大的记者、编辑队伍能够保证网站新闻内容充实，实现按时更新。但是由于资金的限制，更多的报纸网站记者、编辑人才缺乏，导致他们被动地等报纸为网站提供新闻信息，所以，造成了网站新闻内容单一、陈旧。像新浪、搜狐等商业网站虽然没有新闻采访权，但是由于他们拥有众多的签约新闻媒体为他们提供新闻信息，因此可以做到"全"和"新"。

（3）市场推广不力。与新浪、搜狐等商业网站通过报纸、广播、电视等各种新闻媒体进行不遗余力地进行宣传相比，我国报纸网站的市场推广不尽人

· 177 ·

意。目前，报纸网站只限于通过因特网这一新兴媒体进行自我推广，通过报纸广告来宣传自己网站的非常少见，通过其他新闻媒体进行宣传的更是罕见。在当前信息过剩的时代，网站如果不进行有效的市场推广就无法使自己被更多的受众知晓，如果网站受众规模少，就无法维持生存。网络经济是"注意力经济"，报纸网站只有积极进行市场推广才能扩大网站的影响力，才发挥主流新闻媒体的作用。进行市场推广，一方面要坚强网站自身建设，积极培养人才，更新技术设备；另一方面要大力进行广告宣传。这些都需要大量资金投入，报纸网站由于资金投入不足，市场推广活动必然受到很大限制。

（4）影响力低。报纸网站技术含量低、新闻信息内容贫乏及更新速度缓慢、市场推广不力的直接结果是社会影响力低。2005年6月进入Alexa网站人气排名的中国网站共计88家，其中新浪、百度、搜狐和网易排在前四位，而报纸网站新华网、人民网、天极网和千龙网分别排在18位、26位、44位和46位。2010年11月，在我国网站排名中最靠前的四家北京地区的报纸网站分别是新华网、人民网；北青网，环球网；分别排在第27位、41位、52位和54位。以上数据充分说明我国报纸网站在综合吸引力方面远远落后于百度、腾讯、新浪、搜狐等商业网站，就是新华网、人民网等中央级报纸网站与之相比仍有很大差距，更不用说其他报纸网站。报纸网站人气低，必然大大影响市场占有率和广告收入，同时由于报纸网站的人气低下，最终也必然影响新闻信息传播的社会效益。总之，通过有效整合自身优势资源使传统品牌得以延伸，加大资金投入及提高服务以聚集人气、扩大社会影响力已经成为我国报纸网站急需解决的问题。

5．人才缺乏影响报纸网站发展

人才在某种程度上决定了一个报纸网站的建设水平和经营管理水平，人才要素将决定报纸网站质量的高低和核心竞争力。网上新闻采编要求从业人员必须拥有电脑技术和新闻业务的双重知识结构，他们不仅需要掌握传统媒体所需要的新闻从业技能，还需要具备一定的电脑知识和操作能力，报纸网站需要二者兼备的复合性人才。报纸网站要在和商业网站的竞争环境下发展，必须拥有既懂网站内容建设又懂网络经营管理的人才。然而，目前报纸网站普遍存在人才缺乏的问题。有学者对我国数字报业实验室首批申报项目计划书进行研究时发现，在提及数字报业人才来源的问题上，"55.8%的申报单位并没有明确的规划，20.8%的申报单位倾向于通过内部调整获得人才，这些单位一般将倚重其内部的采编人才；其次16.9%的申报单位倾向于通过对合作方实行人才互助的方式获得人才。"

报纸网站最早的一批工作人员往往来自传统媒体的工作调动，他们不了解互联网，不太懂得网络媒体的特性，新招的人员虽然懂技术然而缺乏新闻从业经验，结果造成现有人员要么懂采编不懂技术，要么懂技术不懂采编，同时也缺乏必要的培训机制，导致现有人员工作能力不能完全满足网站的发展需要。其次，报纸网站盈利能力很低，没有充足的资金用于人才引进。同时商业网站频频以高薪从传统媒体挖人也是造成报纸网站人才缺乏的重要原因。最近几年来，在报纸网站普遍感觉到人才匮乏的时候，商业网站不断地从传统媒体中挖人，已有媒体经验又懂网络技术的人才是它们重点挖的对象。很多商业网站为了发展自己纷纷以高薪和显位为诱饵，抢夺传统媒体骨干人才。以上事实说明，报纸网站只有加大人才培养，组成高效的团队，掌握先进的技术，方能增强自己的竞争实力。

二、北京地区报纸网站的发展趋势

北京地区的报纸由北京市属的地方性报纸和中央的全国性报纸组成，除了《人民日报》、《北京日报》等综合性报纸外，还有大量的分别在全国和北京地区发行的行业性报纸，如《中国电力报》、《北京青年报》等。所以，北京地区报纸网站要想得到更好的发展必须根据自身实际制定明确的发展战略，在制定发展战略的过程中一方面要严格遵循角色定位和市场定位的两个基本原则，同时又要充分发挥网络海量信息、多媒体融合的优势。

1. 实力雄厚的报纸网站向综合性新闻门户网站发展

综合性门户网站的特点是大而全。在信息提供上，针对不同用户需求划分各种频道或成立系列网站，时政、财经、体育、电脑、文化艺术、生活娱乐、医疗保健等无所不包；在功能服务上，提供免费的电子信箱、全方位的虚拟社区、功能强大的搜索引擎、个人信息定制、分类讨论区、公共聊天室、网络游戏、电子商务等多种服务项目，以此吸引受众经常访问并培育忠诚度。综合性新闻门户网站在形式上与搜狐、新浪、雅虎等商业门户网站接近。比如，搜狐设有新闻、体育、财经、IT、数码、军事、汽车、房产、家居、娱乐圈、音乐、女人、吃喝、旅游、生活、健康、理财、股票、交友、教育、读书等21个频道，同时还提供短信、彩信、邮件、校友录、搜索、商城、商机、博客、BBS、说吧、搜狗、地图、奥运官网、NBA、天气、图铃秀、彩铃、炫图、铃声、我说两句、日月谈、出国、招聘、母婴、游戏、星座、动漫、图吧等广泛的服务内容。报纸网站所建立的综合性新闻门户网站应该拥有自己的特色，那就是在提供多种服务功能的基础上突出新闻优势，突出报纸网站作为国家权威主流媒体的地位。

建设综合性新闻门户网站需要拥有雄厚实力，一些中央级或省级党报网站拥有强大的信息资源、政府的财政、政策支持，可以以此作为自己的发展方向。比如，人民网想成为"中国的门户"，《中国日报》网站想成为反映中国情况的"英文门户"。北京地区的千龙网（www.qianlong.com）是经国务院新闻办公室和中共北京市委批准，由《北京日报》、《北京晚报》、北京人民广播电台、北京电视台、《北京青年报》、《北京晨报》、《北京现代商报》、《北京广播电视报》等主要媒体共同发起和创办的国内第一家综合性新闻网站。千龙网开创的整合当地传统媒体资源、组建大型网络媒体平台的模式，被业界称为"千龙模式"，它为地方报纸网站走向综合性新闻门户网站提供了榜样。

由于建设综合性新闻门户网站需要雄厚的实力，所以，报纸网站和其他报纸、广播、电视等新闻媒体联合共同建造新闻门户是报纸网站发展的一个必然趋势。北京地区的千龙网可以看作是横向联合的榜样。媒体之间联合建设综合性新闻门户网站可以丰富网站的内容、扩大网站的资金规模、提高网站的质量、扩大社会影响力，同时也可以为国家节约资源。

2. 行业类报纸网站向专业性特色网站发展

综合性新闻门户网站的特点是大而全，专业性特色网站的特点则是专而精。专业性特色网站凭借不同报纸网站的比较优势，专注于特色行业或特定领域做深做透，力求成为关心某一特定领域或行业内容的人的首选网站。专业性特色网站强调发挥自己的特色，追求"他人不可替代性"，遵循有所为有所不为的原则。不求其多，但求其专，不求其全，但求其特，专业性特色网站是大多数专业性报纸网站或地方报纸网站未来发展的趋势，比如，电力报、电脑报、科技报、证券报、体育报、法制报、妇女报等都具有这方面的先天优势。目前，专业性特色网站以中国电力新闻网最为典型。

当前，大众传播媒介由"广播"向"窄播"，由群体化传播向非群体化传播转变，许多大众传媒对大数量观众的依赖程度正在减少，市场进行细分。借助网络这个新兴的传播媒介，网络媒体可以实现"微型出版、微型受众、微型市场"的多元化传播模式。在网络媒体数目、种类极大丰富的情况下，网民的选择范围也随之扩大，网民更愿意花时间停留在各类个性化特色网站上。从市场学角度来说，产品差别化是市场竞争的核心战术，形成特色是公司企业在市场上赢得一席之地的关键。专业调查显示专业性特色网站受众的忠诚度非常高，受众登陆专业性特色网站带有很强的目的性。由于专业性特色网站的受众相对稳定，因此，企业也更愿意在这类网站投放广告以取得最佳效果。

需要说明的是，以上两种网站类型的划分并不是绝对的，专业性特色网站为了更好地满足受众的需求，在做"专"的同时力求"全"，不断增加网站的内容和服务，可以发展成为大家认可的门户网站。同样，综合性新闻门户网站为了吸引更多的受众，在做"全"的基础上力求做"专"，打造几个特色专业频道可以扩大网站的影响力和知名度，提高网站受众的忠诚度。

3. 数字报业与其他产业之间的融合加剧

传统报业是一种单一的产业形态，围绕报纸生产形成一条完整的产业链。从报纸纸张供应、新闻采写、编辑、印刷到发行，传统报业构建了产业发展的自系统。然而到了数字化报业阶段，报业的产业形态不再是一个独立的存在，而转变为"你中有我，我中有你"的混合产业形态。报业产业形态的转型有着深刻的历史背景。从20世纪70年代开始，通信技术的革新（光缆、无线通信、宇宙卫星等的利用及普及）和数字技术的快速发展，首先在通信传播业内部（通信、邮政、广播、报刊等领域）形成技术融合。1978年，美国麻省理工学院（MIT）媒体实验室主任尼葛洛庞帝用三个重叠的圆圈来描述计算机、印刷和广播三者的技术边界，认为三个圆圈的交叉处将成为成长最快、创新最多的领域。1997年欧洲委员会"绿皮书"（Green Paper）对产业融合的定义是"产业联盟和合并、技术网络平台和市场等三个角度的融合"。格林斯腾和汉纳（Greenstein and Khanna，1997）将产业融合定义为"为了适应产业增长而发生的产业边界的收缩或消失"。我国经济学家周振华总结说："产业融合是在信息化进程中发生的一种新经济现象，随着信息技术的发展及广泛运用，特别是互联网的形成和成熟，于20世纪90年代首先在电信、广播、电视和出版部门出现固定化产业世界的模糊与消失的融合现象。"

在传统报业向数字化报业转型阶段，产业融合的现象客观存在。例如，1998年10月29日，《华盛顿邮报》网络版在报道77岁的老宇航员约翰·格伦重返太空时，既有他1962年第一次登上太空的报道全文，又有关于此事的动态报道，既有相关的图片，又有约翰·格伦的谈话录音，还有他在太空工作的录像。实际上，在这个网络版中，报业已经融合了广播、电视和网络三种产业。又如，目前众多报社都在开发手机报，但实际上一份手机报是多个产业共同完成开发的，报社提供内容，移动公司负责渠道，而软件公司负责技术。

北京地区的报纸网站在此方面已经开展过行之有效的探索。例如北青网盈利业务的开展，把新闻业与娱乐业和通讯业结合。北青网的核心竞争力主要在两点：一是娱乐，北青网有几个板块进入网站排名前十，如娱乐板块；二是与MSN的合作。这是个双赢的合作，MSN利用北青网给用户提供资讯，也给北青网带来流量。

可见，报业、通信业和软件业甚至包括终端产品的电子制造业都融合在一起。报业再也不能独门独户地单干了，这就要求报社从工作流程、组织架构、管理体制、运营模式、交易方式等各个方面，都围绕数字内容产品的生产、传播和营销来展开，在技术融合的基础上实现产业融合。

三、北京地区报纸网站的发展策略

报纸网站要想在激烈的媒体竞争中突出重围、获得发展，必须重新审视自

第八章 我国报业网站发展现状及对策——以北京地区为例

身发展的现实条件和竞争环境，遵循媒体、网络和市场的客观规律，聚合媒体优势，构建适应网络媒体发展的新模式，才能在网络平台上营造属于自己的发展空间。与之同时，报纸网站要积极顺应市场经济的发展潮流，在坚持社会效益的前提下科学地进行市场化运作，增强自身造血能力以实现良性经营，才能获得持久的发展，真正占据网络空间的信息高地，才能为其成为网上主流新闻媒体，更好地发挥宣传、教育等社会功能奠定基础。报纸网站在发展的过程中，要借鉴国外报纸网站和商业网站的发展经验但不能简单地模仿照搬，要结合实际、着眼未来，采取积极有效的发展策略，找出一条适合我国报纸网站发展的行之有效的模式。

网络新闻业作为社会文化事业的重要组成部分，总是受一定社会经济政治等条件的制约和支配，又反过来对社会的各个方面产生巨大影响。报纸网站和报纸、广播、电视等传统新闻媒体一样，作好党、政府和人民群众的耳目喉舌，把社会效益放在首位，大力加强报纸网站的宣传、教育等社会功能，为社会主义现代化建设服务。

1. 大力加强报纸网站的宣传、教育等功能，提升报业的社会效益

报纸网站作为一种新型的网络新闻媒体，具有信息、宣传和教育等社会功能。在当前形势下，报纸网站作为网上主流新闻媒体应该在充分发挥信息功能的基础上大力加强宣传、教育社会功能，以获得最大的社会效益，更好地服务于社会主义建设事业。胡锦涛同志强调指出"充分发挥互联网在我国社会主义文化建设中的重要作用，有利于提高全民族的思想道德素质和科学文化素质，有利于扩大宣传思想工作的阵地，有利于扩大社会主义精神文明的辐射力和感染力，有利于增强我国的软实力"，从而充分肯定了报纸网站宣传、教育等社会功能在社会主义现代化建设过程中的巨大作用和重要意义。

在我国，新闻作为社会主义意识形态的一部分和宣传、教育和动员群众的一种舆论形式，总是直接或间接反映党和政府的政治要求，成为加强党和政府与人民群众关系的重要纽带和途径。因此，报纸网站发挥宣传、教育等社会功能，须注意：一要坚持党对新闻宣传工作的领导权；二要把握正确的舆论导向；三要使报纸网站成为进行思想政治教育的新途径。

·183·

2. 拓展盈利渠道，实现报纸网站的经济效益

报纸网站作为党、政府和人民群众的耳目喉舌，应该时刻把社会效益放在首位，致力于为社会主义建设事业服务。与之同时，报纸网站要获得发展必须参与市场竞争，进行市场化运作，提高自身造血功能，以此来壮大自己，更好地巩固网上主流新闻媒体的地位。报纸网站通过市场化运作可以为其近一步发展提供资金支持，为巩固报纸网站主流新闻媒体的地位奠定物质基础。根据国内外报纸网站的运做经验，北京报纸网站在市场化运作中可以利用的主要盈利方式有以下四种。

（1）网络广告。目前，网络广告是国外报纸网站和我国商业网站的主要盈利方式。美国报纸建立报纸网站后，既往经营传统新闻传播业务时采用的商业模式自然而然地反映到了网站经营中。在美国报纸网站对于经济运营模式的摸索性实践中，发布网络广告来赢得经济收入是其最先尝试的方式。北京地区的不少报纸网站建立之初就把网络广告作为主要的盈利方式，然而遗憾的是，报纸网站网络广告收入远远比不上商业网站的网络广告收入。现在总体说来，报纸网站的网络广告收入并未在传媒网站的收入中占多大比例，特别是一些发展水平很低的网站则出现没有广告可登的局面。网络广告这种盈利方式要求网站的浏览量，即网站的受众或者用户必须有足够规模。只有足够数量的用户才能吸引更多广告客户来投放广告。由于我国报纸网站在网站浏览量、社会影响力等显示注意力资源上都不及商业网站，因此目前报纸网站的网络广告收入普遍不好。所以，报纸网站一方面需要提高内容和服务质量，树立品牌，以提高网站自身的实力与吸引力；另一方面则要开展网络广告营销和创新工作。

开展网络广告营销工作可以通过以下几种方式：第一，实施广告联合经营。报纸网站采取广告联合经营方式来提高网络广告收入是其可行的办法之一。美国奈特·励德报系已有成功经验。该报系鼓励报纸广告和网站广告的销售人员在一起工作，甚至旗下很多报纸为了让报纸广告销售人员推销网站广告，还专门为职工搞了培训项目，目的是为了更好地向客户介绍网络广告的好处，要求销售人员把所学的网络知识转换成顾客能够理解的语言。该报系对完成网络广告的销售目标的人员给予一定奖励。这种将报纸广告和网络广告捆绑

第八章 我国报业网站发展现状及对策——以北京地区为例

在一起的"套餐"销售方式，使该报系网站1998年的广告收入达到1.4亿元，比1997年翻了四番，而1999年的广告收入则达到2.4亿元。总体来说，目前国内报纸网站吸引广告的能力还十分有限，与其将网站中的广告承载空间闲置，还不如"免费派送"或"低价处理"，作为报纸广告客户的一项优惠措施，以此来吸引更多的广告投放。第二，提供优质广告服务。在新浪网的广告服务页面内容中，最引人注目的是详细的新浪网民分析，其中包括网民注册数量历年变化趋势、网民的年龄结构、性别结构、地域分布、职业构成、教育程度、平均收入、以及首页及新闻中心页面每天不同时段流量的变化。这个看似简单的页面，却为广告客户在定向投放广告时提供了精确的参考。事实上，广告客户在投放广告时，他有明确的广告目标受众。报纸网站只有为广告客户提供翔实的网民习惯分析、需求分析、满意度分析等数据服务，才能吸引到更多的广告客户。第三，创新广告表现形式。目前报纸网站的广告形式非常单一。如"人民网"目前只提供6种广告形式，分别为旗帜广告Banner、图标广告Button、文字链接、赞助广告、网上调查与促销、客户专题网站。报纸网站依靠这些网站普遍采用的广告形式，显然不能适应广告竞争的要求。报纸网站在广告形式上可以大胆尝试，通过网络广告形式上的创新，不仅可以彻底打破固有的Banner、Button、文字链接等一成不变的模式，也可以最大限度发挥网络广告的效果，进而吸引更多广告客户。

(2) 信息收费。在广告之外，美国报纸网站又开始探索其他盈利方式，对内容收费或者说对受众采取付费订阅的方式。华尔街日报网站，是实行付费订阅的典型例子。当许多网站由于尚未确定盈利之路的情况下面临严重的经济压力，美国因而刮起了一股"网站裁员"之风后，付费订阅的模式成为业界比较集中谈论的盈利方式。Jupiter Media Metrix公司的调查结果显示，尽管有70%的人对为网上内容付费不太理解，但已有41%的人认为自己最终将不得不接受这一事实。早已开始收费的美国《消费者报道》和《华尔街日报》网站至今已分别拥有86万和6215万付费用户。英国泰晤士报网站近日也开始向海外访问者收费。虽然对付费订阅有赞成和反对两派意见，但是付费订阅可以作为我国报纸网站经济运行方式的可行性探索。

我国报纸网站具有商业网站所没有的新闻发布权，因此大力整合新闻信息资源，通过信息收费实现盈利是切实可行的方式。我国报纸网站纷纷推出了或计划推出一些收费的信息服务和信息中介服务等网上服务项目。提供短信定制是目前比较常用的方式。北京地区的人民网、千龙网、中国日报网站都推出了手机短信服务。人民网现在主要有新闻订阅和天气预报定制服务。一些专业性的报纸网站由于其自身特殊的信息优势可以尝试实行付费订阅的方式。

事实上，报纸网站对信息收费以实现经济利益的经营意识淡薄，缺乏新闻信息产权保护意识。报纸网站应该对商业网站转载新闻信息收费，像人民网，为了满足互联网网站以及其他媒体、机构日益增强的新闻信息需求，人民网专门设立了资讯部，以整合人民日报社强大的新闻信息资源，向互联网网站以及其他媒体、机构提供全方位个性化新闻信息服务。一些证券类、IT 类等专业性网站，除了向商业网站出售信息获取利润之外，报纸网站还可以通过提供相关资讯来获得收入，比如网站提供有商业价值的调查报告，制作增值的信息等，向企业出售信息以获得收入。例如中国日报经营的"中国商用信息网'，每天编发 50 多条有关中国农业、IT 业等方面的经济信息提供给国外客户，年收入 100 多万元。

（3）开展电子商务。所谓电子商务（Electronic Commerce）是利用计算机技术、网络技术和远程通信技术，实现整个商务（买卖）过程中的电子化、数字化和网络化。电子商务减少了商品流通的中间环节，节省了大量的开支，从而也大大降低了商品流通和交易的成本。它更符合时代的要求：如今人们越来越追求时尚、讲究个性，注重购物的环境，网上购物，更能体现个性化的购物过程。

电子商务是美国传媒网站和我国商业网站推出比较早的盈利方式。北京地区的纸网站作为网络媒体也应积极尝试电子商务。随着网上购物环境的改善，电子商务理应成为我国报纸网站主要的盈利方式。不少报社一般都拥有比较庞大的配送队伍，这成为报纸网站开展电子商务的有利条件。中青在线推出了中青购物，赛迪网推出了赛迪商务网，它们通过内容吸引注意力和培育忠诚度，然后转化为商业价值。报纸网站在开展电子商务的过程中，应该综合自身资源

第八章 我国报业网站发展现状及对策——以北京地区为例

优势,形成自己的品牌。随着网民的快速的增长、购物观念的改变、电子支付手段的普遍采用,电子商务势必会成为报纸网站的盈利渠道。

(4) 网络数据库服务。在新闻出版领域,数据库的重要意义日渐显现。国外新闻媒体信息数据库建设起源于 20 世纪 70 年代,目前已出现了大批以经济服务、社会服务为目的的新闻媒体信息数据服务商,形成产业化。但我国报业的数据库建设还起步不久,目前影响教大的是 TRS 与人民日报社合作开发的"媒体全文按词检索数据库"和 CNKI 的"中国重要报纸全文数据库"。

新闻媒体数据库是多媒体文本的汇集,具有数据量大、信息的组织和存储方法复杂、需求多样、信息来源广泛、信息更新速度快等特点。可以通过网上检索、手机检索、个性化定制等手段实现信息增殖。

3. 加强报网互动

报纸网站和报纸之间存在着天然的联系,报纸网站就是依托传统报纸资源建立起来的,报纸网站要想取得发展,加强报纸网站和报纸之间的互动是报纸网站发展的主要策略之一。

(1) 报网互动对报业发展具有重大的战略意义。传统报纸拥有人才、信息、品牌和政策等资源优势,这是建设主流新闻媒体网站不可多得的财富,因此可以说加强与传统报纸的互动对报纸网站发展来说具有重大战略意义。首先,报网互动可以提高报纸网站的社会影响力。报纸网站加强与报纸的互动,可以扩大自身的资源优势,增强网站的社会影响力。报纸经过几十年的发展都拥有了很高的知名度,培育了规模庞大的忠实受众群,报纸网站加强与报纸的互动可以通过嫁接传统报纸的资源优势迅速地提高网站的社会影响力。报纸网站虽拥有较强的技术和平台优势,但内容贫乏。报纸网站的内容服务要更有效地被用户接受,要在市场当中有所作为,也要与报纸进行深度合作,这是由双方自身的优势和劣势所决定的。报纸网站可以运用网络多媒体手段将母报的新闻资源进行再次开发和再度传播,从而实现扩大社会影响力的作用。总之,报网互动可以延长传统媒体产业链条,丰富报道的手段,更可以快速地提高报纸网站的社会影响力。其次,报网互动可以增加报纸网站的经营收入。目前来看,报纸网站的经营收入方式主要还是网络广告。报纸网站要想拥有广告市场就必须提高自己的社会影响力，拥有众多的忠实受众。报纸拥有信息资源、品牌资源优势，特别是还拥有一定规模的受众，因此，报纸网站通过加强与报纸的互动，可以迅速地提高自己的社会影响力，以此扩大自己的广告市场。报纸的权威性、影响力、可信度是网络媒体目前不具备的，所以要借助这个优势，通过与报纸的合作，提高消费者对网络广告的信任度，增强广告主在报纸网站上投放广告的信心，进而提高报纸网站的广告收入。另外，报纸网站还可以通过与报纸的特殊"血缘关系"作捆绑式的网络广告销售，这样既可以使网站获得广告收入，也可以提高报纸的知名度和影响力。

（2）报纸可为网站提供丰富的优势资源。影响主流人群，代表主流意识，传播主流新闻，形成强大的社会影响力，这是主流媒体所追求的目标。报纸网站要参与网上竞争，形成强大的社会影响力，不能靠限制对手，只能靠壮大自身。报纸在长期的发展过程中形成了独特的优势，报纸网站要加强和报纸的互动，充分利用这些优势来发展自己才是成功的关键。报纸网站可以利用的报纸优势资源主要有两个方面。第一是权威性和知名度。网站的权威性和知名度将是网上竞争的决定性因素，报纸经过多年的经营，早已具有了极高的权威性和知名度。通过报网互动，报纸原有"品牌"优势将同时延伸到它们创建的报纸网站上，形成心理学上的"先入为主"的效果，"'先占者'通常都会享有更高的占有率，包括市场占有率、知晓占有率和偏好占有率"。在当前网站信息泛滥的今天，传统媒体报纸则更有号召力，其提供的新闻信息真实准确，可信度高，容易得到受众的信赖。人民网凭借《人民日报》独特的优势，以新闻报道的权威性、及时性、多样性和评论性为特色，在网民中树立起了"权威媒体、大众网站"的形象。新华网坚持权威性、准确性、时效性、贴近性的特色与优势成为中国新闻资讯类人气指数第一的网站。第二是专业设备和人员。网络媒体随时都有大量的信息流，这就意味着需要大量的人力、物力来加工信息，传统报纸的新闻信息采编人员及整套的专业设备是保证新闻资源的重要因素。实际操作中，职业记者、编辑依靠长期的工作经验，在报道时可以更加符合新闻传播的规律，尤其是一些长期在某个报道领域进行深度报道的专业人员。通过报网互动可以增加报纸网站的专业优势。还是以人民网为例，《人

第八章 我国报业网站发展现状及对策——以北京地区为例

民日报》拥有一支政治强、业务精、纪律严、作风正的新闻队伍。目前，全社职工中副高以上职称人员427人，其中正高职称115人；有硕士以上学位的228名，其中有不少还是博士。目前，《人民日报》的新闻信息采集渠道遍布国内外，在国内设有38个记者站，国外设有32个记者站。1992年，《人民日报》率先在我国报业建成了卫星版面数字传输系统，采用了先进的卫星通信技术；1997年，建立了记者稿件收发系统，可以自动接收全国30多个记者站的稿件；2001年编辑业务楼建成并投入使用，采编工作实现了无纸化。这些优势是商业网站难以在短时间超越的，也是人民网取得成功的重要基础。第三是信息采集传播优势。我国传统报纸还拥有商业网站所不具备的信息采集传播中的优势，在当前内容为王的时代，这是报纸网站走向成功的宝贵财富。通过报网互动，可以丰富网站内容，提高网站的吸引力和影响力。首先，传统报纸拥有新闻制度所允许的特许权，包括新闻采访权、发布权。2000年国务院新闻办公室和信息产业部共同签发《互连网站从事登载新闻业务管理暂行规定》，其中规定"综合性非新闻单位网站不得登载自行采写的新闻和其他来源的新闻，登载的新闻必须经过批准后，从中央新闻单位、中央国家机关各部门新闻单位以及省、自治区、直辖市直属新闻单位发布的新闻中择取。"以上规定不仅否定了商业网站的新闻发布权，对商业网站转发新闻也进行了限制。它的实施将会让商业网站对报纸网站新闻资源无偿使用的现象得到有效遏制，同时也确立了报纸网站在网络新闻传播上的优势。其次，报社拥有自己丰富的信息源。传统媒体的影响力使它在大多数时候能够最大限度地接近信息源，特别是政府机构、大公司召开新闻发布会都会邀请报纸媒体记者参加，对于其他网络媒体能否派人参加还没有相关政策出台，所以，采访权仍然是报纸等传统媒体的特权。比如，新华网授权发布国内重要新闻，中央、地方政府官员任免，还可以对国家政策法规进行权威解读，对国内外重大突发事件进行第一播报，对重大活动实行现场直播。因此有人指出，报纸网站合法化生存的第一要义是停止让商业网站免费转载自己的内容，把内容重新控制在自己手中。最后，丰富的媒体运作实践经验。媒体，顾名思义是一种传播载体。对传统报纸媒体而言，经营网络媒体只是运用不同的传播手段而已。传统媒体在受众心理的把握、读者市场的了解以及信息渠道的建立等各方面有着丰富的运作经验,这些同样也是经营网络媒体不可缺少的组成部分,可以迅速用之于网络媒体。网络媒体从业者如果这些方面的经验要重新学习,势必花费大量的时间和财力。总之,有传统媒体运作经验,有利于把握网络媒体读者和广告市场的发展脉搏,及时作出准确的对策。

(3) 探索报网互动模式。网络技术发展日新月异,应用手段层出不穷,网络速度变得越来越快,终端设备的价格日益便宜,网民数量迅速增长,这些都为报网互动提供了坚实的基础。在展望报网互动未来发展的基础上,浙江在线新闻网站管委会主任项宁一总结了报网互动的六大模式,这六大模式将会成为今后报网互动的发展趋势。第一,技术应用型。报纸和网络是特性不同的新闻媒体,各有其技术优势,通过二者之间的互动可以扩大报纸和网站的技术优势,增强竞争力。报纸可以利用网站即时聊天软件,由记者在网上组织话题,吸引读者参与,次日见报。或者网站就报纸上的某一主题,在网上以论坛的形式展开互动讨论。比如人民网和《人民日报》会同时去搞一些周末活动,同时开展网上调查和讨论等。人民网上优秀的、重要的内容会拿到《人民日报》讨论专栏发表,报上的文章也放到网站上让网友来点评,效果非常好。第二,多媒体型。平面媒体以文字、图片为主,广电媒体以声音、画面为主,网络媒体则集文字、声音、图像、视频等符号系统于一体。同时网络还可以利用计算机技术生成平面和三维、多维和立体动画、全息图像、虚拟空间环境等。以新闻信息的整合、重构和各种信息形态的相互转换,如报社记者兼职多媒体记者,在网上推出文字稿件同时,附加视频信号,开创了网上阅读新形式。加强报纸和网站之间的互动可以充分发挥网络媒体的多媒体功能,增强网站的吸引力。第三,社会活动合作型。报纸在网站上开设大型活动评选投票系统代替保持原来由读者填写选票寄回报社,然后再由人工统计的方式。大大节省人力物力,且影响力更涉及报纸以外的广大网民,宣传效果更佳。网站也可以通过这种方式吸引报纸读者成为网站的受众,扩大网站的知名度。第四,网民直接参与型。"读者参与"是报人长期追求的目标,也许只有在网络时代,读者参与才真正有了更广泛的基础和可能。报纸可以从网站统计分析系统查看稿件点击数量的变化及规律，使采编工作更有针对性，同时也可以为网站提供更具有质量的新闻内容。网站具有很强的互动性，通过与受众的互动，可以聚集人气，提高网站的影响力。第五，资源整合型。网站和报纸资源整合，发挥报纸以深度度报道见长、阅读时间持久和网站直观快捷、辐射面广的特点，推出报网互动栏目。网站与报纸的互动和延伸最大限度地扩大了覆盖面和影响力，使新闻传播效益最大化。第六，紧密结合型全方位、全天候的报网紧密合作模式。就是整合报纸和网站两个编辑部，这种紧密结合型的模式可以理解为"报即是网，网即是报"，两者的界限越来越模糊。比如，报社的理论版可以主持网站的评论频道。报网合一，作者队伍、稿件发布、资料库、话题征集、读者反馈，都可以在网络平台实现。

4. 积极实施品牌化战略

报纸网站品牌与新浪、搜狐等商业网站品牌相比要逊色的多，在品牌的建设方面还有很长的路要走，报纸网站在建设强势品牌的过程中一定要讲究策略。

(1) 做好传统品牌的延伸。所谓品牌延伸就是指利用已经成功的品牌来推出改进型产品或新产品。品牌延伸的最终目的是希望消费者将其对该品牌的认同迁移到同一品牌下的其他产品上。品牌延伸主要是利用已有的品牌资本，即借助品牌的知名度、良好形象等来推销新产品，因而有助于降低新产品上市的成本和风险。报纸在长期的发展中都形成了特色鲜明的品牌，比如，《人民日报》是党报的代名词，是严肃权威的形象，《南方周末》是周末报的代名词，是一腔正气、满腹良知的形象，《中国青年报》则是青年报的代名词，是认真执着冷静的形象。根据品牌延伸的一般规律，在网络空间里，报纸品牌同样具有极大的号召力，因为受众会因对品牌的忠诚而将信任延伸到网站上。报纸品牌的确是一笔巨大的无形资产，不进行延伸简直是浪费。但是网络空间是一个全新的领域，报纸网站必须借助原有品牌优势，赋予品牌新的外观与内涵，加深报纸品牌和网站品牌之间的关联，增强报纸网站的认知度，否则报纸品牌优势在网络空间里就会大打折扣。

(2) 提高受众对报纸网站的忠诚度。传播学集大成者施拉姆认为，受众在选择信息方法上遵循经济学的"最省力原理",总希望以最小的付出获得最大的回报。报纸网站要增加受众浏览网站的价值报偿必须在内容和服务上下功夫。

在内容建设方面,首先,增强新闻信息的时效性。影响受众访问网站的主要是新闻信息数量和质量及更新速度,新浪网能够在众多网络新闻媒体中脱颖而出的原因就是信息量大、刷新速度快。目前北京地区的报纸网站存在新闻更新速度慢、时效性差的问题。所以,报纸网站要改变原有观念,利用先进的技术设备来加强网站新闻信息的时效性。其次,增加原创新闻。现在是信息过剩的时代,报纸网站要想吸引受众的眼球,应加强新闻信息的独家报道,提供个性化的新闻。目前,商业网站的新闻仍然停留在大量复制、传播的阶段,缺乏原创内容,远远不能满足网民的信息需求。因此报纸网站应该多发布原创内容,包括新闻、评论等不同新闻体裁的内容,以博得受众第一时间的注意力。现在,新浪网在转载其他媒体新闻的同时,在政策允许的范围内就国家的一些重要会议及国际上的重要体育比赛进行直播或者采写独家新闻来加强网站新闻信息的原创。

在服务方面,主要是要加强个性服务。报纸网站是以原创新闻为主体的网站,它担负着进行正确的舆论引导和围绕中心、服务大局的重任,在服务上具有不同于其他网站的个性特点,应扩大和深化新闻消费和为经济建设服务的功能。报纸网站不仅是一个新闻传播机构,同时也是一个服务机构,谁的服务最能满足受众的需求,谁就能赢得受众的青睐。个性服务是从服务提供者角度出发的服务,是指某一网站独有的,不易为其他网站模仿的服务。报纸网站在个性服务方面还是应该围绕自己的资源优势来进行。随着人们对个性化信息的需求越来越强烈,报纸网站不应该只满足于为每个用户提供相同的服务,而是应该在个性服务上加大力度。

(3)加强品牌推广。报纸网站除了人民网、北青网、光明网、千龙网等拥有较高知名度之外,其他都默默无闻,这与网站缺乏网站推广意识有关。我们经常可以看到新浪、搜狐等商业网站利用广告等多种形式来推广自己,以此来提高网站的知名度,中央电视台也在不停地播放王小丫、李咏等推介央视国际网站的广告。然而，我国报纸网站在这方面做得很不够，利用报纸整版广告来宣传报纸网站的很少。报纸网站要想提高网站品牌的知名度必须在加强网站内容的数量和质量的同时，积极利用各种有效的方式和途径来从事网站品牌的推广工作。首先，报纸网站可以通过交换广告、网站互链、投放户外广告、举行社会活动等方式来打出知名度，并提升网站的整体形象。其次，报纸网站还可以通过公关活动来推广自己的网站。报纸网站应该充分利用自己出色的策划意识和能力加强网站和公众的关系以提高网站形象。

（4）加强品牌保护。品牌保护也就是报纸网站在具体经营中要采取一系列措施来维护自己的品牌形象，保持自己的市场地位。对品牌经营者而言，以市场为中心就是以消费者为中心，如果品牌的内容没有随着市场上消费需求的变化而作相应的调整，品牌就会被无情的淘汰。报纸网站要想使自己的品牌不被淘汰就应该积极地在坚持权威性的同时做好个性化的服务来满足受众不断变化的需求。此外，提高报纸网站的知晓度要依靠提高质量，质量是品牌的灵魂，它能够为品牌带来高的市场份额。最后，要加强对报纸网站品牌的法律保护。报纸网站的版面设计、频道和栏目的设置。还有作为网站支撑的内容都是网站品牌的重要内容，要利用法律加以保护，特别是新闻信息更不能被其他网站免费转载，凡是侵犯网站版权的要敢于用法律武器来维护网站的利益。

附录 电子书包：政策推动下的产业新浪潮

2011年11月8日,"电子书包企业联盟成立大会暨2011年电子书包产业论坛"在上海举行,大会宣告成立电子书包企业联盟,这距上海市虹口区电子书包试点项目启动整整一年。该事件经沪上的几家媒体报道后,引起了国内教育界、出版界等领域的广泛关注,并引发了北京、南京、杭州、广州等地中央和地方媒体纷纷报道各地电子书包开发、应用及社会反响的空前热潮。这是电子书包在中国诞生10年来从未有过的现象。

事实上,该热潮并不是突然降临,而是近年来我国电子书包产业在政、产、学、研等各方力量共同推进下发展集中的体现,它也许意味着我国电子书包产业的春天即将到来。本文主要从政策角度对电子书包的发展历程做一简要回顾。

一、教育部谋划教育信息化

在世纪之交,为迎接汹涌而至的信息化浪潮的挑战,美、英、法、日、韩等国家纷纷制订教育信息化发展规划,以提升教育发展水平。新加坡作为全球范围内教育信息化发展的先行国家之一,于1999年9月在德明中学开始试用电子书包,引起国内媒体关注。此后,"电子书包"作为一个极具时代感的比喻说法逐渐进入公众视野,据当时媒体报道,"实际上是一个手提式电脑,能够储存课本、笔记本和作业资料"。而与此同时,我国教育部也顺势而为,一方面谋划着教育改革和教育信息化的宏伟蓝图;另一方面也通过种种努力,对公众和媒体久为关注的为中小学生"减负"问题寻找出路。

2000年11月,教育部发布了关于在中小学普及信息技术教育的通知,决定在中小学普及信息技术教育，以信息化带动教育的现代化，实现我国基础教育跨越式发展；并在中小学实施"校校通"工程，计划从 2001 年开始，用 5～10 年的时间，使全国 90% 左右的独立建制的中小学校能够上网，使中小学师生都能共享网上教育资源。电子书包作为教育信息网络化的一种终端产品、"校校通"工程的工具之一，在教育部的通知发出之前就已经有公司启动了研发工作。2000 年 10 月，由天津津科电子有限公司与美国 ADS 公司联合研制的国产电子书包问世。随后，更多的 IT 企业和出版社启动电子书包项目。2001 年 10 月，北京伯通科技有限公司研发生产的"绿色电子书包"通过教育部电教办专家认证，于当年 12 月投放市场。2002 年，人民教育出版社研制开发电子书包，并生产出样机。2002 年，辽宁出版集团联合台湾碧悠电子工业股份有限公司、北大方正电子有限公司、清华液晶技术工程研究中心成立"电子书包联盟"，试图共同打造一条完整的电子书包产业链。伴随着产品的研发和生产，在 2000～2003 年间，电子书包在一些网络较发达的北京、上海等城市开始实验性应用。

进入 2004 年，由于当时的政策、技术、社会等条件还不成熟，零星点燃的电子书包的实验应用之火非但未形成燎原之势，反而基本上销声匿迹了；几家从事电子书包研发、生产和推广的公司也纷纷铩羽而归。电子书包像急于破土的幼芽不耐早春之冷又缩回泥土，静候着春风更殷切的召唤。

二、三部委共促教育信息化发展

在新世纪的第一个十年里，信息技术持续创新，经济社会的信息化程度提高，全球出版业的数字化转型加剧，国际间教育信息化竞争更加激烈，电子书包在许多国家渐成普及之势。为迎接信息化发展带来的新机遇，在中共十五届五中全会提出的信息化国家战略基础上，党的十六大进一步作出了以信息化带动工业化、以工业化促进信息化、走新型工业化道路的战略部署；党的十六届五中全会再一次强调，推进国民经济和社会信息化，加快转变经济增长方式。在此背景下，国家工信部、新闻出版总署、教育部等中央部委顺势而为，先后从各自角度出发采取措施，推动电子书包的发展。

2006 年 5 月，国家工信部发布《2006—2020 年国家信息化发展战略》，把教育信息化作为我国信息化发展的一个战略重点，提出要加快教育科研信息化步伐，提升基础教育、高等教育和职业教育信息化水平，持续推进农村现代远程教育，实现优质教育资源共享，促进教育均衡发展，等等。同时，在"十一五"期间，优先实施包括中小学教育在内的国民信息技能教育培训计划：在全国中小学普及信息技术教育，建立完善的信息技术基础课程体系，优化课程设置，丰富教学内容，提高师资水平，改善教学效果。推广新型教学模式，实现信息技术与教学过程的有机结合，全面推进素质教育。

2010 年 7 月，教育部发布《国家中长期教育改革和发展规划纲要（2010-2020 年）》，其中专设一章"加快教育信息化进程"，包括加快教育信息基础设施建设、加强优质教育资源开发与应用、构建国家教育管理信息系统等。据此，教育部着手制定教育信息化十年发展规划，并在 2011 年 9 月公布《教育信息化十年发展规划（2011-2020 年）（征求意见稿）》。鉴于我国经济、社会、教育等方面地区之间发展不平衡的现实，以及全国基础教育信息化服务的均衡性、全面覆盖的发展原则，教育部在制订如上两个文件时都审慎地回避了"电子书包"这一可能引发争议的说法，但是《教育信息化十年发展规划（2011-2020 年）（征求意见稿）》中对 2020 年教育信息化发展目标的具体表述与当下对"电子书包"的主流认识非常接近。实际上，教育部在 2010 年就启动了国家级"电子书包"开发应用的试点项目，即教育部与上海的部市合作项目之一——虹口区"电子书包"试点项目。另据 2011 年 9 月的中国教育部网站报道，教育部科技司副司长雷朝滋透露，我国已经制定了 5 项教育信息化标准，并正在为电子课本和电子书包终端建设等制定系列标准。这说明，教育部虽然在全国性规划里没有明确发展电子书包的提法，但在行动上已开始推动和规范电子书包的发展。

2011 年 4 月，新闻出版总署发布《新闻出版业"十二五"时期发展规划》，规划指出，"十二五"时期是推动我国向新闻出版强国迈进的重要时期，到"十二五"期末，力争实现数字出版总产值达到新闻出版产业总产值的 25%，整体规模居于世界领先水平；规划特别把电子书包研发工程列为新闻出版科技创新的六大工程之一，并设定了从启动研发并展开小范围试点、优化调整并在部分地区推广、全国范围推广的三期工作进度。一个月后，新闻出版总署又发布《数字出版"十二五"时期发展规划》，再次确认"电子书包及配套资源数字化工程"作为"十二五"期间数字出版业发展的重点工程。从两个规划看，相对于工信部和教育部来说，新闻出版总署似乎更看重电子书包的产业价值。2011年11月，柳斌杰署长在全国出版工作会议上的讲话中较详细地阐述了电子书包产业广阔的发展前景，指出"我国在校学生人数超过3.2亿，电子书包孕育的市场价值超过几万亿元"。众所周知，在传统出版业增长乏力和教育出版占出版业总体收入一半以上的现状下，没有教育出版的数字化转型所带来产业规模迅速壮大，中国出版业就不可能取得很大的发展，所以，不难理解总署对电子书包产业的突破性发展的高度期待。

三家中央部委在通过政策和规划鼓励、谋划电子书包产业的同时，也组织有关研究机构和科研院所开展了电子书包相关标准研制工作。2010年后，工信部和新闻出版总署都启动电子书标准研究工作，并成立相应标准研究机构，其中工信部信标委成立电子书标准工作组，包括设备、基础、格式标准、平台和电子课本与电子书包标准等5个专题组。2010年10月，由华东师范大学牵头向全国信标委申报成立电子课本与电子书包标准专题组，由工信部全国信息技术标准化技术委员会和教育部教育信息化技术委员会联合组建，开展标准研制。

三、多方合作推动教育出版业转型

在国家部委位政策和规划指引下，电子书包产业所蕴含的巨大商机吸引着众多企业踊跃投入其中。相对于2000～2003年的尝试来说，本阶段参与各方对于电子书包和电子书包产业发展的认识及行动方式上都有明显提高。关于电子书包，人们已经从第一个阶段比较狭隘的学习硬件终端的认识桎梏中解放出来，一方面更加注重电子书包满足学生自主化、个性化、移动化学习需求的功能；另一方面强调它所构筑的信息化教学环境下的内容资源建设、教学方式创新，以及师、生、学校、家长四类使用主体之间的分工和协同关系。相应地，在电子书包的研发、生产、应用中,"产业链长、没有哪家企业能上下通吃"的观念被广泛认可,改变了过去参与企业只注重终端设备或企图整合全产业链的做法。基于此,在政府主导下,电信运营商、设备制造商、教育出版商、中小学校以及科研机构等多方合力掀起了我国电子书包的春潮。

地方政府力推电子书包实验项目,为大面积推广积累经验。按照《教育规划纲要》精神,各地政府都先后出台了与电子书包相关的教育信息化规划,其中,上海还把"电子书包"项目写入了"十二五"规划。《上海市中长期教育改革和发展规划纲要(2010~2020年)》提出"推动'电子书包'和'云计算'辅助教学发展,促进学生运用信息技术丰富课内外学习和研究"。东部地区的北京、上海、广州、深圳、宁波、杭州、大连等城市的中小学,都开始了"电子书包"教学模式的实验和研究,涉及语文课、数学课、英语课、科学课、综合活动课等。在这些实验项目中,最引人瞩目的是上海虹口电子书包项目实验,从2010年11月开始,上海市虹口区首批8所学校开展了电子书包项目的试点,覆盖小学、初中、高中各个阶段。各所学校都根据自身情况和特色制订了与电子书包项目配套的课题。目前,上海的电子书包项目正在宝山、闵行等区推广。同时值得关注的是,除了东部发达地区,西部的陕西、成都等地也在逐步试点"电子书包";据悉,西部的新疆地区也将在中央政府的支持下开展"电子书包"的实验。

电子书包产业尚未形成,但多方合力打造产业链的发展模式已渐渐清晰,且很可能会成为未来产业发展的主流。按照目前一般的理解,电子书包的应用需要有高效快速的网络信息环境,绿色环保、适于学生不同阶段生理和心智发展特征的智能化移动终端,具有海量、体系化、多层次、可选性优质教育资源,能够满足老师、学生、学校、家长等不同主体的教学、管理、互动的服务平台,等等。面对电子书包这样复杂的产品和服务,现实中还没有任何一家企业具有独立打通产业链的能力;所以,在本阶段电子书包研发和试用的初期,意图进入该领域的IT企业、设备制造商、教育出版社、技术服务商等一般结成联盟形式,同时与一定的教学研究和教育技术应用研究部门、专家进行合作,共同为试点学校或地区开发相适配的电子书包系统。2009年7月,广东省出版集团数字出版有限公司、北京人教希望网络信息技术有限公司和广州金蟾软件研发中心有限公司联合提出了以"内容+终端+平台"为模式、主要包括人教版、粤版系列教材配套的电子书包方案,主要应用与广州南海区的电子书包的实验项目中。2010年在上海虹口区启动的试点项目,就有上海电信与上海虹口区教育局、英特尔公司和微创公司就共建"基础教育电子书包"项目所签订的协议。2011年上半年,扬州市在教育系统试点推广电子书包的应用,与中国移动通信联合会签署战略合作协议,共建"扬州移动互联网教育产业基地"。2011年11月成立的上海电子书包企业联盟会由上海外语教育出版社等10家单位构成,是一种更高级组织形式的联盟,会对电子书包产业的培育和发展产生更大的作用。

此外,自2010年以来,教育、出版、IT等行业一些部门、机构也以电子书包为主体举办各种活动。2010年4月,全国教育出版社社长论坛在云南举行,就教育部的《国家中长期教育改革和发展规划纲要(2010~2020年)》对教育出版行业的影响、相互合作等问题进行研讨。2011年4月底,国际(扬州)电子书产业高峰论坛召开,来自联合国教科文组织、国家教育部、工信部、发改委、新闻出版总署等机构的领导和行业专家围绕新型电子纸显示技术数字教材、教辅开发,版权保护、电子书教育市场的开发等问题展开研讨。2011年7月,中文在线、上海市虹口区教育局联合主办"第四届中国数字出版博览会电子书包与数字教育出版"论坛。2011年9月,"学习、教育和培训中的信息技术国际标准化组织第二十四届全会、工作组会议及国际开放论坛"在上海召开,"电子课本与电子书包的标准与应用"作为会议专题之一,为电子书包标准研制提供了国际交流窗口。

从理论上说,电子书包的兴起将带来学习的革命,也会给我国出版业带来深刻的影响。作为一个有广阔前景的新生之物,在迎接春风吹拂时,也少不了风雨的洗礼;电子书包产业的发展虽有坎坷,但前景辉煌,让我们共同期待吧。

参考文献

一、学术期刊

[1] 张新华. 数字出版产业经济特质分析 [J]. 科技与出版, 2011 (1).

[2] 张新华. 数字出版价值网的构建：客户价值为中心 [J]. 现代出版, 2012 (4).

[3] 张新华. 美国电子书消费现状分析 [J]. 出版广角, 2012 (11).

[4] 张新华. 客户价值最大化. 数字出版的盈利之源 [J]. 出版广角》2012 (4).

[5] 张新华. 电子书包. 政府推动下的产业新潮 [J]. 出版人, 2012 (1).

[6] 张新华、赵婧. 出版物知识网络的要素、类型和特点 [J]. 现代出版, 2013 (3).

[7] 张新华、苗璐. 北美地区数字出版移动化转型探析 [J]. 出版广角, 2013 (8) 上.

[8] 张立, 汤雪梅. 月下沉吟久 几时锦字裁：中国数字出版业十年发展历程及趋势预测 [J]. 编辑之友, 2012 (1).

[9] 李广宇. 中国数字出版产业现状及问题分析 [J]. 现代出版, 2011 (1).

[10] 张立宪. 中国数字出版现状及未来展望 [J]. 科技传播, 2011 (9) 下.

[11] 沈群. 中国数字出版. 形势、发展趋势及建议 [J]. 编辑之友, 2012 (4).

[12] 余琛、赵雪芹. 中国数字出版产业链问题分析 [J]. 现代商贸工业, 2008 (4).

[13] 周海英. 中国数字出版产业竞争状况分析 [J]. 中国出版, 2008 (7).

[14] 周利荣. 中国数字出版产业链整合模式分析 [J]. 出版发行研究, 2010 (10).

[15] 刘灿姣、黄立雄. 论数字出版产业链的整合 [J]. 中国出版, 2009 (1).

[16] 曹胜玫. 前数字出版产业链的相关问题及思考 [J]. 编辑之友, 2009 (3).

[17] 钱宇阳. 中国数字出版产业链发展现状和问题研究 [J]. 商场现代化, 2011 (4).

[18] 方卿. 论出版产业链建设 [J]. 图书·情报·知识, 2006 (5).

[19] 钱宇阳. 中国数字出版产业链发展现状和问题研究 [J]. 商场现代化, 2011 (4).

[20] 刘肖、董子铭. 中国数字出版产业协同发展路径分析 [J]. 出版发行研究, 2012 (3).

［21］秦绪军．国外出版商发展数字出版的特点及给我们的启示［J］．科技与出版，2007（12）．

［22］曹胜利、谭学余．专业出版社数字出版的赢利模式与路径选择［J］．科技与出版，2011．

［23］陈丹．中国出版社数字出版发展策略及商业模式探析［J］．出版发行研究，2011（11）．

［24］刘美华．中国出版企业数字出版盈利模式研究评析［J］．出版科学，2011（3）．

［25］刘灿姣、姚娟．中美数字出版商业模式比较研究［J］．中国出版，2011（11）．

［26］邓晓磊．探讨数字出版的标准问题［J］．出版参考，2011（10）．

［27］张书卿．中国数字出版标准化现状及对策［J］．出版发行研究，2008（11）．

［28］刘颖丽．数字出版标准的现状与思考［J］．中国出版网，2011.8.11．

［29］康建辉、赵萌．中国数字出版产业发展中的版权保护问题研究［J］．情报理论与实践，2012（1）．

［30］李孝霖．数字出版产业版权困境解析［J］．电子知识产权，2010（1）．

［31］曹世华．数字出版产业发展呼唤著作权集体管理现代［J］．中国出版，2006（9）．

［32］施勇勤、张凤杰、马畅．数字版权保护技术的概念、类型及其在出版领域的应用［J］．科技与出版，2012（3）．

［33］刘灿姣、姚娟．数字出版人才培养管见［J］．中国编辑，2011（2）．

［34］蒋良富、陈敬良、施勇勤．数字出版人才培养模式研究［J］．Conference on Creative Education，2011．

［35］宋国华、刘晶、王志、王国栋．产业生态学的研究进展与分析［J］．中国环境管理干部学院学报，2008（2）．

［36］张杰．论知识经济的特征［J］．哈尔滨师专学报（社会科学版）》1999（1）．

［37］刘建刚、王利敏．美国知识经济兴起与对我国经济发展的启示［J］．知识经济，2012（6）．

［38］万安培．知识经济：经济学一个全新的研究领域［J］．中南财经大学学报，1998（3）．

［39］张淑奇、蒋华．知识经济与信息经济辨析［J］．华中农业大学学报（社会科学版）［J］．1999（4）．

［40］黄奇、郭晓苗．知识经济与信息经济［J］．情报理论与实践，2001（1）．

［41］党彩琴．知识经济与信息经济时代对21世纪中国的影响［J］．科技情报开发与经济，2002（3）．

［42］高岚．浅述知识经济与信息经济［J］．发展，2003（9）．

［43］许丽丽．知识经济时代信息产业发展探析［J］．商业研究，2003（22）．

[44] 司有和．论知识经济与编辑出版产业的互动发展［J］．编辑学报［J］．1999（1）．

[45] 任翔．浅谈数字出版与知识经济［J］．出版参考，2010（19）．

[46] 一江．出版经济与知识经济［J］．出版经济［J］．1999（2）．

[47] 斯嘉．数字出版基地集群效应显现［J］．全国新书目，2011年8月．

[48] 黄阳，吕庆华．创意经济．以人为本的经济发展观［J］．理论探索，2010（3）．

[49] 唐朝华．注意力的特点与商业营销策略［J］．湖南科技学院学报，2005（2）．

[50] 姜奇平．基于意义的注意力经济［J］．互联网周刊，2006年6月27日．

[51] 郭秀兰．基于双边市场定价理论的媒体市场研究综述［J］．财经界，2010（3）．

[52] 任翔．浅谈数字出版与知识经济［J］．出版参考，2010（19）．

[53] 陈春、千春晖．产业组织优化与产业结构的调整和升级［J］．山东工商学院学报，2003（12）．

[54] 余斌、潘文年．数字出版文化传播力的建构路径［J］．中国出版，2012（3）．

[55] 郝婷．我国数字出版法律制度的现状、问题及对策研究［J］．中国出版，2011（8）下．

[56] 任殿顺．透视三大出版数字化转型的本质［J］．编辑之友，2011（2）．

[57] 杨状振、王运灵．英国数字出版业发展状况观察［J］．对外传播，2011（11）．

[58] 数字出版．提升传统出版业态新途径［J］．编辑之友，2011（2）．

[59] 柳斌杰．加快传统出版与数字出版的融合发展［J］．现代出版，2011（4）．

[60] 李玉恒．论我国数字出版业的几种走向［J］．中国出版，2011（10）．

[61] 王志文．产业融合的效应［J］．商场现代化，2007（27）．

[62] 柳斌杰．加快传统出版与数字出版的融合发展［J］．现代出版，2011（4）．

[63] 方卿、曾元详．产业融合．数字出版产业发展的唯一选择［J］．出版发行研究，2011（9）．

[64] 新闻出版总署．关于加快出版传媒集团改革发展的指导意见［J］．中国出版，2012（5）．

[65] 张宏．媒介融合与数字出版——关于数字出版内在基本模式及路径寻找的另一个视角［J］．出版广角，2012（1）．

[66] 张立、汤雪梅．月下沉吟久 几时锦字裁——中国数字出版业十年发展历程及趋势预测［J］．编辑之友，2012．（1）．

[67] 施勇勤．数字出版．文化逻辑与产业规制——以媒介融合为视角［J］．出版科学，2012（03）．

[68] 于文．谷歌三大图书战略及其对发展数字出版的启示［J］．出版科学，2011（07）．

[69] 李镜镜、张志强. 中日数字内容产业比较分析 [J]. 淮阴师范学院学报（哲学社会科学版），2011（03）.

[70] 魏彬. 我国数字出版产业政府管理探析 [J]. 出版科学，2010（1）.

二、学术专著

[71] 肖东发、张文彦. 出版创新与中国文化软实力 [M]. 中国社会科学出版社，2011.

[72] 胡正荣，唐晓芬. 新媒体前沿（2011）[M]. 社会科学文献出版社，2011.

[73] 张新华. 转型与突破——北京报业数字化研究 [M]. 中国大百科全书出版社，2012.

[74] 张新华. 转型）中国出版业制度分析 [M]. 中国传媒大学出版社，2010.

[75] 陈丹. 我国数字出版创新模式研究 [M]. 科学技术出版社，2011.

[76] Moan Van Tassel. 数字权益管理 [M]. 人民邮电出版社，2009.

[77] 李治堂、张志成. 中国出版业创新与发展 [M]. 中国书籍出版社，2009.

[78] 陈昕主编. 美国数字出版考察报告 [M]. 上海人民出版社，2008.

[79] 郝振省. 2009—2010中国出版产业发展报告 [M]. 中国书籍出版社2010.

[80] 郝振省. 2005-2006中国数字出版产业发展年度报告 [M]. 中国书籍出版社，2007.

[81] 郝振省. 2009-2010中国数字出版产业年度报告 [M]. 中国书籍出版社，2011.

[82] 吴小坤、吴信训. 美国新媒介产业 [M]. 中国国际广播出版社，2009.

[83] 杨贵山. 国际出版业导论 [M]. 北京大学出版社，2010.

[84] 黄孝章、张志林、陈丹. 数字出版产业发展研究 [M]. 知识产权出版社，2010.

[85] 胡正荣. 全球传媒产业发展报告 [M]. 社会科学文献出版社，2011.

[86] 陈昕. 中国图书出版产业增长方式转变研究 [M]. 广西师范大学出版社，2008.

三、学位论文

[87] 任殿顺. 出版业数字化转型研究——基于双边市场理论 [D]. 中国人民大学博士论文：2011.5.

[88] 纪汉霖. 双边市场定价策略研究 [D]. 复旦大学博士学位论文：2006.

四、网站信息

[89] 柳斌杰. 加快传统出版与数字出版的融合发展 [OL]. http://www.gapp.gov.cn/cms/cms/website/zhrmghgxwcbzsww/layout3/header.jsp? channelId = 1006&siteId =

21&infoId=717810.

[90] 第29次中国互联网络发展状况调查统计报告［R/OL］. 中国互联网络信息中心, http：//www.cnnic.net.cn/dtygg/dtgg/201201/t20120116_23667.html.

[91] 中共中央关于深化文化体制改革推动社会主义文化大发展大繁荣若干重大问题的决定［J］. 中央政府门户网站, http：//www.gov.cn/jrzg/2011-10/25/content_1978202.htm.

[92] 国家"十二五"时期文化改革发展规划纲要［OL］. 中央政府门户网, http：//www.gov.cn/jrzg/2012-02/15/content_2067781.htm.

[93] 文化产业振兴规划［J］. 新华网, http：//news.xinhuanet.com/politics/2009-09/26/content_12114302.htm.

[94] 孙寿山. 加快推进数字出版产业规划项目实施［OL］. 中央政府门户网站, http：//www.gov.cn/gzdt/2011-12/08/content_2015419.htm.

[95] 李朋义. 数字出版业态与转型［OL］. 中国出版网, http：//cips.chinapublish.com.cn/chinapublish/zgcbkys/rdjj/gjcblt/ztyj/201108/t20110831_93190.html.

[96] 阎晓宏. 大力推进数字出版业的发展［OL］. http：//www.baoye.net/News.aspx?ID=216310.

[97] 从产业博弈看传统出版社在数字出版竞争中的优势［OL］. 百道网, http：//www.bookdao.com/article/7136/.

[98] 三大电信运营商挺进数字出版业［OL］. 品牌中国网, http：//news.brandcn.com/hypp/cb/201207/325362.html.

[99] 教育出版业要积极应对"电子书包"［OL］. 慧聪教育网, http：//info.edu.hc360.com/2010/05/050945238182.shtml.

[100] 柳斌杰. 深入合作共谋数字出版产业发展［OL］. 百道网, http：//www.bookdao.com/article/38015/.

后 记

20世纪中后期以来的信息化浪潮席卷了全球的各个角落。作为人类知识和文化传承、传播的一个重要产业部门，建立在近代工业文明基础上的现代出版业正经受着来自信息革命的严重冲击。这一冲击大约肇始于20世纪70年代，自美、英、日等发达国家逐渐向全球蔓延。进入20世纪80年代，伴随着我国出版业的商品化、市场化、产业化、资本化等进程的推进，出版业在技术维度上沿着电子化、网络化、数字化、移动化的方向演化。数字浪潮不仅推动传统产业转型、催生新兴产业萌芽，更搅动全球产业格局。在新的世纪里，在推动文化大发展、大繁荣的国家战略背景下，我国出版业借助数字技术完全有可能实现跨越式发展，从过去世界出版格局的边缘地带进入核心区域。同时，我们也应清醒地看到，在信息化和数字化浪潮中，相对于美国、日本、韩国、英国等发达国家来说，我国出版业的数字化发展起步较晚，现实中面临的问题也很多，未来的发展道路还不甚清晰，需要政府、业界和学界各尽所能，探索我国数字出版产业发展的科学道路。

伴随着产业的孕育和发展，我国的数字出版产业研究也逐渐兴起，已经在产业跟踪研究、产业政策研究、产业发展模式、国内外发展对比等诸多领域取得了比较丰硕的成果。作为北京印刷学院数字出版专业的一名专业教师，在数字出版产业及其学术研究热潮的感召下，同时也出于专业教学的需要，2008年以后我逐渐把研究聚焦到数字出版上来。过去五年，围绕数字出版，我先后主持申报了几项科研项目：2008年立项北京市哲学社会科学规划重点项目"北京地区报业数字化发展现状与趋势研究"（项目编号08AbJG219）、2011年立项的北京市教育委员会人文社会科学研究计划项目"我国数字出版业发展路径研究"（项目编号：SM201210015003）、2013年立项的北京市哲学社会科学规划重点项目"北京地区数字出版商业模式创新研究"（项目编号：13JDZHA003）、2013年立项的教育部人文社科科学研究青年基金项目"价值网视角下的数字出版商业模式创新研究"（项目编号：13JYC860042）。随着项目研究的陆续开展和深化，我们对数字出版产业的认识逐渐深化。但纸上得来终觉浅，为实现对数字出版产业的近距离观察，2011年4月我获准进入湖南出版投资控股集团和北京大学新闻与传播学院合作的博士后工作站，得以对湖南出版集团控股的中南出版传媒公司及其旗下的天闻数媒（北京）科技有限公司的数字出版经营有了比较深入的观察，在此基础上开展博士后研究课题"我国数字出版价值网构建及优化研究"。本书的主要内容就是由我过去五年所主持或参与的科研项目的部分成果构成，部分章节已经以独立论文形式在《科技与出版》、《现代出版》、《出版广角》等期刊上发表，部分章节在其他学者所主编的研究报告或论著中刊登；由于各章节的实际完成时间不一，在本书编写的过程对其中的部分文字做过一定的修订。

本书并非由笔者一人之力完成，不少内容由我在北京印刷学院的课题组同事和学生的合作下完成的。其中，第三章由我和2010级传播学硕士研究生李杰和王建共同完成；第四章的第二节由我和2012级传播学硕士研究生苗璐共同完成；第五章的第一节是我和2008级数字出版专业的本科生吴晓洋合作完成，第五章的第二节是我和2009级数字出版专业的本科生王洁茹合作完成；第六七章是"我国数字出版业发展路径研究"项目成果的一部分，由我和2010级传播学硕士研究生王建和丁立琼、2011级传播学硕士研究生杨冰冰、谭克辉共同完成；第八章是"北京地区报业数字化发展现状与趋势研究"项目成果的一部分，由我和同事付海燕博士共同完成。本书在策划、编辑过程中，2012级硕士研究生彭宏燕做了大量的技术性工作。在此，特向参与合作的如上老师和学生们表示诚挚的感谢。

在过去五年的数字出版研究和教学过程中，我们曾经走访、调查了国家新闻出版总署科技与数字出版司、中国新闻出版研究院、北京市新闻出版局、湖南省新闻出版局、中南出版传媒有限公司、天闻数媒（北京）科技有限公司、中文在线等政府、科研和企业单位，获得了大量数据和事实材料，为研究奠定了较坚实的基础。同时，我们也得到了胡正荣、徐泓、肖东发、周蔚华、李频、张志林、张立、陈丹等著名学者的指导和支持，受到龚曙光、彭兆平、汪华、周建亚等著名出版家的点拨和帮助。对如上单位和专家学者们的恩惠，我铭记在心，深表谢意。

我所在的单位——北京印刷学院新闻出版学院和科研处的领导、同事，为我的科研、教学提供宽松、自由的环境和浓厚的学术氛围，也特向他们报以最诚挚的感谢。

最后，特向肖东发教授致谢。感谢他对我无数次慷慨的指导和帮助，也感谢他能在百忙中拨冗为本书作序。

由于学识所限，文中难免有疏漏和错讹，这些均由我本人负责，与他人无关。

作者

2013 年 9 月 8 日于北京海淀